살아있다면 계속 달려야 합니다

살아있다면 계속 달려야 합니다
달리는 신부의 '살아있는 사람' 이야기

2021년 7월 9일 교회 인가
2021년 8월 5일 초판 1쇄

지은이	김 하상바오로
펴낸이	박현동
펴낸곳	성 베네딕도회 왜관수도원 ⓒ 분도출판사
찍은곳	분도인쇄소

등록	1962년 5월 7일 라15호
주소	04606 서울시 중구 장충단로 188 분도빌딩(분도출판사 편집부)
	39889 경북 칠곡군 왜관읍 관문로 61(분도인쇄소)
전화	02-2266-3605(분도출판사) · 054-970-2400(분도인쇄소)
팩스	02-2271-3605(분도출판사) · 054-971-0179(분도인쇄소)
홈페이지	www.bundobook.co.kr

ISBN 978-89-419-2109-7   03810

이 책은 분도출판사가 저작권자와의 계약에 따라 발행한 것으로서 저작권법에 의해 보호를 받는 저작물이므로 무단 전재와 무단 복제를 금합니다.

살아있다면 계속 달려야 합니다

김하상바오로 지음

달리는 신부의
살아있는 사람
이야기

분도출판사

추천의 글

제가 주교가 된 후 가끔 사람들에게 이런 말을 듣습니다. "주교님도 운동을 하셔야지요!" 이 말은 나의 건강을 생각해서 하는 말입니다. 그리고 여기서 '운동'은 대부분 '골프'를 두고 하는 말입니다. 저는 그럴 때마다 이렇게 대답합니다. "운동 말입니까? 저는 매일 저녁에 신학교 운동장을 걷습니다." 그러면 그 사람은 더 이상 저더러 운동하라는 이야기를 하지 않습니다.

제가 사는 교구청 사제관에서는 매일 아침 신부님들과 함께 미사를 드린 후 마당에 나와서 스피커에서 나오는 구령에 맞추어서 국민체조를 합니다. 그리고 나서 식당에 들어가 아침 식사를 합니다. 그렇게 한 지가 20년은 넘었을 것입니다. 아침부터 맨손체조나 스트레칭으로 몸을 풀어 주는 일은 좋은 습관입니다. 이처럼 사람은 먹지 않고는 살 수 없듯이 운동하지 않고는 살 수 없다고 생각합니다. 살아있는 사람은 운동을 해야 합니다.

김성래 하상바오로 신부님은 여기서 더 나아가 "살아있다면 계속 달려야 합니다"라고 말합니다. 이 말이 이 책의 제목입니다. 책에서 신부님은 자신이 왜 달리기를 시작했는지, 왜 사람은 계속 달려야 하는지에 관해 이야기하고 있습니다. 그러면서 달리기의 흥미와 의미와 묘미까지 이야기합니다. 제가 평소에 생각하지 못했던, 흥미 있고 의미 있는, '달리는 신부의 살아있는 사람 이야기'를 들려주고 있습니다.

제가 마라톤을 했던 기억은 1970년대에 전라도 광주에 있는 대신학교를 다닐 때 가을 축제 중에 전교생이 송정리 방향으로 뛰어갔다가 되돌아오는 10킬로미터 달리기가 전부입니다. 한 해는 입상을 해 보겠다고 정말 열심히 달려 10위 안에는 들었지만 5위까지 주었던 상을 받지 못해 안타까워했던 기억이 납니다. 하여튼 나는 '마라톤'이라고 하면 '힘들다!', '멀쩡한 정신으로 할 짓이 아니다'라는 생각을 했습니다.

그랬던 제가 하상바오로 신부님의 마라톤에 관한 책의 추천사를 쓰게 되었습니다. 김 신부님이 미국에서 귀국한 후 교구 비서실에서 5년 반이나 저를 성심껏 도와주셨기 때문에 그 고마움을 담아 이 글을 씁니다.

하상바오로 신부님은 아프리카 마다가스카르의 '사라'를 위해 달린다고 했습니다. 사라와 같은 가난하고 어려운 사람들을 잊지 않기 위해 달린다고 했습니다. 그래서 신부님은 마라톤 대회에 참가할 때마다 뜻있는 사람들의 후원을 모아 그들에게 전해 주고 있습니다. 그러면서 신부님은 달릴 때 자신이 살아있음을 느끼고 하느님을 찬미하게 된다고 고백하고 있습니다.

우리도 운동이든 취미든 일이든 우리의 일상 속에서 자신이 살아있음을 느끼고 삶의 기쁨과 의미를 찾으면 좋겠습니다. 그리하여 우리 모두가 인생의 마지막에 바오로 사도처럼 이렇게 말할 수 있으면 좋겠습니다.

"나는 훌륭히 싸웠고 달릴 길을 다 달렸으며 믿음을 지켰습니다"(2티모 4,7).

2021년 7월 16일
천주교 대구대교구장 조환길 타대오 대주교

차례

추천의 글　**5**
시작하며_ 첫발　**11**

1부 살아있는 사람　**17**

「말아톤」: 누구나 처음이 있다　**19**
사라: 마다가스카르의 기억　**27**
클리브랜드: 나의 마라톤 성소　**36**
사제 서품: '살아있는 사람 3, 4'　**42**
마침내: 보스턴 마라톤 대회　**51**
서브스리: 벽에 부딪히다　**59**
'살아있는 사람 7': 157명이 달리다　**66**

2부 사제 생활의 주춧돌　**79**

"월요일을 기억하라"　**81**
살아있기에 아름다운 사람 1: 아눈시앗따 수녀님　**89**
8년 만의 귀국: 그리고, 볼리비아　**95**
바쁜 일상: 젊은이들과 함께　**101**
살아있기에 아름다운 사람 2: 지미 멘크하우스　**111**
"어떻게 매일 뛸 수 있어요?"　**114**
'살아있는 사람' 10주년: 뿌리를 내리다　**122**

살아있기에 아름다운 사람 3: 김은준 시몬 132
바람이 불어오는 곳: 제주 국제 마라톤 대회 135
자비의 얼굴: 춘천 마라톤 대회 145
살아있기에 아름다운 사람 4: 이동욱 베드로·박성희 프란체스카 부부 153
마라톤의 변화: 군위 삼국유사 마라톤 대회 156

3부 함께 꾸는 꿈 163

"바보야" 165
피로 사회: 달리기는 행복 177
살아있기에 아름다운 사람 5: 박비오 신부님 189
달리기: 몸에 대한 도전 192
사람은 몸이다 201
살아있기에 아름다운 사람 6: 윤현지 요안나 프란체스카 210
'살아있는 사람' 213
나의 꿈 222
꿈은 이루어진다 230
함께 꾸는 꿈 239

마치며_ 그리고, 다시 첫발 251
참고 문헌 255
감사의 말 256

시작하며 — 첫발

"달릴 때 나는 하느님의 기쁨을 느낀다." 영화 「불의 전차」에서 주인공 에릭 리델이 한 말이다. 그는 하느님께서 자신을 잘 뛰도록 만드셨고, 있는 힘껏 뛸 때 하느님의 기쁨을 느낄 수 있다고 한다. 나도 마찬가지다. 달릴 때 살아있음을 느끼고 나를 살아있게 만드신 창조주를 찬미한다.

위대한 바오로 사도 역시 달리기를 즐겨 했을 것이다. 그에게 복음을 전하는 일이란 '뒤에 있는 것을 잊어버리고 앞에 있는 것을 향하여 내달리는 것'으로, 고대 올림픽 달리기 경기에 비유하여 '썩지 않는 화관을 얻는 것'(필립 3,12 참조)이었다. 그리고 '다른 이에게 복음을 선포하고 나서 그 자신이 실격자가 되지 않도록 자신의 몸을 단련하여 복종시키기 위해'(1코린 9,25-27

참조) 바오로 사도는 계속 달렸을 것이다. 그는 세상 끝까지 달려가 기쁜 소식을 전하는 마라토너 선교사로서, 복음을 위해 모든 것을 바친 예수님의 제자로서 자신의 인생을 달리기로 아름답게 고백했다. "나는 훌륭히 싸웠고 달릴 길을 다 달렸으며 믿음을 지켰습니다"(2티모 4,7).

나의 세례명은 '하상바오로'다. 정하상(1795~1839)은 1801년 신유박해 때 다산 정약용의 형인 아버지 정약종 아우구스티노와 형 철상 가롤로가 천주교 신자라는 이유로 순교당하는 것을 목격했다. 나이가 어리다는 이유로 동생 정혜를 데리고 어머니 유 세실리아와 함께 풀려날 수 있었지만 재산은 몰수당했고 가문에서도 쫓겨나 수많은 시련을 겪었다. 하지만 자신의 수호성인인 바오로 사도처럼, 정하상 바오로는 온갖 어려움에도 신앙을 지켰으며, 조선에 사제가 없던 시절에 관헌들의 눈을 피해 걸어서 중국 베이징까지 아홉 번이나 가서 사제를 청했다. 마침내 조선에 앵베르 주교와 사제들이 몰래 입국하는 데 성공했고, 앵베르 주교는 독신을 지키며 평신도 지도자로 활동하던 정하상 바오로가 사제가 되기에 적합하다고 여겨 직접 그에게 라틴어와 신학을 가르쳤다.

하지만 1839년 기해박해가 일어나 정하상 바오로 가족은 모두 붙잡혔다. 그는 또 하나의 꿈이었던 순교를 맞이함으로써 사제가 되고자 하는 꿈은 이루지 못했다. 그렇지만 1984년 한국 천주교 200주년을 맞이하여 요한 바오로 2세(1920~2005) 교황님에 의해 김대건 안드레아 사제와 함께 한국의 대표 성인聖人으로 선포되었다. 정하상 바오로의 삶과 죽음 그리고 그의 신앙을 묵상하면, 그 이름이 나의 존재에 새겨진 까닭은 그가 그토록 꿈꾸던 사제가 된 내가 달리는 신부의 삶을 통해 그처럼 성인이 되라고 부르신 것은 아닐까 되묻게 한다.

이 책은 지난 16년 동안 마라톤과 함께한 나의 황홀한 이야기다. 흔히 사람들이 생각하는 자아도취의 황홀감이 아니라 자신을 넘어선 체험, 곧 엑스터시Ecstasy의 그리스어 *ex-stasis* 어원대로 *ex*(바깥)와 *stasis*(서 있다 혹은 존재하다)가 합해져 '바깥에 존재하는' 혹은 '자신을 넘어서 초월하는' 체험이다. 달리기를 통해 자신에게서 나와 자신을 잊어버리고 타인에게로 향하는 일은 신비롭고, 그 때문에 황홀하다. 자신을 넘어서 타인을 향해 완전한 무아無我의 경지를 보여 주신 예수님처럼, 달리는 몸을 통해 나 자신 안에 머물지 않고 세상과 이웃, 마침내 하느님에게로 향해 달려간다.

    동시에 달리기는 내가 나로서 살아가는 방법, 곧 나를 이해하고 보이지 않는 것을 보고 세상에 대해 묻는 내가 철학하는 방법이다. 한 인간으로서 '하느님 안에 살고 움직이며 존재하는'(사도 17,28 참조) 나만의 방식이며, 예수님께서 말한 '깨어 있는 삶'을 살기 위해 먼저 육체적으로 부지런해지려는 노력이다. 그동안 달리기를 하며 자신을 진실하게 대면하는 각성覺醒에 이르렀고, 더 나아가 창의적인 길인 '살아있는 사람'(Living Person)을 만날 수 있었다. 달리기는 익숙한 내가 아니라 원하는 지금의 나를 있게 만들었다.

그 여정의 황홀감을 혼자 묻어 두었는데 지금에야 글을 쓰는 이유는 단순하다. 부부를 위한 가톨릭 프로그램인 ME(Marriage Encounter)에서 활동하는 사제로 부부들에게 늘 하는 나의 말 때문이다. "말하지 않는 사랑은 사랑이 아니고, 표현하지 않는 것은 존재하지 않습니다." 말하지 않았고 표현하지 못했던 나에 대한 하느님의 섭리와 사랑을 이제 고백함으로써 드러내야 할 때가 되었다. 그 사랑을 통해 내가 배우고 깨달은 것, 더 나아가 지금의 내가 있게 된 것에 대한 은혜와 감사함을 말해야 할 때가 되었다. 그리고 나처럼 달리기를 통해 삶과 신앙에서 용기를 얻는 사람들이 더 많아지고, 특히 젊은이들이 더 많은 상상과 도전으로 몸과 마음의 자신감을 찾으며, 마침내 믿는 사람 모두가 '살아있는 사람'이 되어 자신의 몸으로 하느님의 영광을 드러낼 수 있기를 바라는 마음으로 글을 썼다.

이 글은 총 3부로 구성되어 있다. 1부 '살아있는 사람'에서는 미국 클리브랜드에서 '살아있는 사람'으로 마라톤을 시작하게 된

계기 그리고 아프리카 마다가스카르에서 '사라'와의 만남으로 어떻게 얼굴을 가진 달리기를 하게 되었는지, 또 보스턴, 뉴욕, 시카고 세계 메이저 마라톤 대회에 참가한 일, 마지막으로 서브 스리에 도전한 이야기를 담고 있다. 2부 '사제 생활의 주춧돌'에서는 귀국하여 경주 국제 마라톤 대회 참가를 통해 젊은이들과 사람들을 만나면서 사제로서의 정체성을 찾고, '살아있는 사람' 10주년을 함께 기념하며 새로운 도전으로 제주, 춘천, 군위 마라톤을 뛰면서 성장하는 '살아있는 사람'의 모습을 그리고 있다. 3부 '함께 꾸는 꿈'에서는 피로 사회에서 바보처럼 뛰는 일을 통해 자신의 몸을 더 깊이 이해하고, 구원을 가져오는 '몸의 신학'을 체험하며, 나아가 자신과 세상을 변화시키기 위해 '살아있는 사람'이 함께 꾸는 꿈으로 끝을 맺는다.

의사이자 러너이며 달리기에 관한 한 철학자이기도 한 조지 시핸George Sheehan(1918~1993) 박사는 말했다. "달리기는 일반적인 것을 비상하게, 평범한 것을 독특하게, 일상을 영원하게 만든다. 놀이로 시작해서 고통을 통해 나아가고 마침내 기쁨으로 끝난다." 이제 그 비상하고 독특하며 영원한 여정의 첫발을 내딛자.

1부

살아있는 사람

「말아톤」:
누구나 처음이 있다

달리기야말로 인생에 대한 가장 위대한 은유다. 벗어나려면 몰입해야 하는 것, 그것이 바로 인생이기 때문이다. ㅡ오프라 윈프리

마라톤은 모든 사람이 빠져들 만한 운동은 아니다. 달리는 것이 도무지 맞지 않는 사람도 있다. 그리고 많은 사람이 자신이 그렇다고 생각한다. 한때 아프리카 평원을 달리던 수렵인이었지만 이제 도시에서 문명인으로 살아가면서 몸과 마음을 리셋하고 본능보다는 이성을 찾고 땀보다는 매너 있는 삶을 선택했다. 가끔 뛰고 싶은 충동이 일 때도 있지만 편안한 소파에 몸을 기대면서 뛰는 일은 더 이상 자신에게는 필요 없는 일이라 생각한다. 하지만 인류의 조상들이 포식자들에게 쫓길

때, 도망치거나 상처 입은 먹잇감을 쫓아갈 때 뛰던 본능은 여전히 우리에게 남아 있다. 인간만이 두 발로 걸으며 인간의 몸은 뛰기 위해 진화했다. 인간이 흘리는 땀, 발에 있는 돔 모양의 발바닥활, 큰볼기근(대둔근), 목덜미 인대 등은 먼 거리를 잘 달릴 수 있게 진화한 인간 몸의 특징이다. 우리는 지금도 진화하고 있다. 다만 오늘날 진화의 주된 형태는 생물학적 진화가 아니라 문화적 진화다. 생각하고 학습하고 소통하고 협력하고 혁신하는 문화적 수단을 통해 인간은 진보하고 있다. 그렇지만 동시에 우리가 진보의 과정에서 선택한 행동 가운데 어떤 것은 우리를 병들게 한다. 뛰지 않는 것이 가장 대표적이다.

마라톤은 모든 사람이 빠져들 만한 운동이기도 하다. 인간 몸에 새겨진 사냥의 본능과 쾌감에 귀를 기울이면서 몸을 움직이면 달리기는 자연스럽게 이루어진다. 어떤 사람도 처음부터 42.195킬로미터의 풀코스 마라톤을 완주할 수는 없다. 초등학교 운동장 한 바퀴 200미터를 뛰는 게 생각지도 못한 도전이 된다. 그럼에도 불구하고, 포기하지 않고 계속 뛴다면 그다음에는 조금 더 멀리, 조금 더 빨리 뛰게 되고 그렇게 뛰다가 보면 호흡도 여유가 생기고, 거리도 늘어서 단 1분의 뜀박질에 지구의 중력을 느꼈던 사람이 10킬로미터, 하프, 풀코스까지 완주할 수 있게 된다. 마라톤은 누구나 뛸 수 있다. 내가 믿기에는.

『상실의 시대』로 유명한 일본 소설가 무라카미 하루키는 자신이 언제 소설을 쓰기로 마음먹었는지 정확히 기억한다. 1978년 4월 1일 오후 1시 30분경 도쿄 메이지 진구 야구장에서다. 구름 한 점 없이 좋은 날, 맥주를 마시며 잔디밭에서 그해의 센트럴 리그 개막전으로 야쿠르트 홈팀의 경기를 보고 있었다. 선두 타자인 데이브 힐턴이란 미국인 선수가 2루타를 치고 달리던 그 순간, 아무런 근거도 없이 '나도 소설을 쓸 수 있지 않을까?' 하는 생각이 들었던 것이다.

나에게도 그런 순간이 있다. 2003년 천주교 대구대교구 신학교에서 학부 4년 과정을 마치고 미국 오하이오주에 있는 클리브랜드 신학대학원으로 유학을 가게 되었다. 원장신부님께서 가라고 해서 "예"라고 대답은 했지만 어디에 있는 줄도 모르는 곳이었다. 더욱이 겨울이 5개월이 넘는 혹독한 환경에서 내가 할 수 있었던 운동은 일주일에 한 번 하는 농구가 전부였다. NBA 선수들처럼 보이는 미국 신학생들 사이에서 처음 해 보는 농구는 도무지 나에게 맞지 않았다. 그래도 꾸준히 열심히 했는데 신학교 간의 대항전과 같은 중요한 시합에 나가면 꼭 이런 이야기를 듣곤 했다. "H.Paul, (우리가 이겨야 하니) 넌 쉬는 게 좋겠어."

한번은 신학생들이 나에게 축구(football)를 하자고 하기에 '드디어 올 것이 왔구나!' 하며 아껴 둔 축구화를 꺼내 신고 나갔다. 드넓은 잔디구장에서 실력을 보여 줄 때가 온 것이다. 그런데 그들이 말한 축구란 이상하게 생긴 공을 손으로 던지고 받는 '미식축구'(American football)였다. 내가 보기에는 '핸드볼'(handball)이었지만. 그래서 하는 수 없이 러닝머신을 뛰기 시작했다. 비가 오거나 눈 폭풍우가 몰아쳐 일주일 내내 건물 안에 갇혀 있어야 할 때도 러닝머신은 친구가 되어 주었다. 움직이는 벨트 위를 계속 뛰는 것이 어색했고 거울을 보면서 달리는 것이 이상했지만 그나마 내가 선택할 수 있는 가장 좋은 운동이었다. 격렬한 달리기로 땀을 흘리면서 몸과 마음의 스트레스와 외로움을 달랠 수 있었다. 유학 생활 중 밀려오는 거친 물살에 맞서 버틸 수 있는 힘을 키우기 위해서는 달려야 했다. 그런데 살기 위한 달리기는 오래 지나지 않아 변화를 맞이한다.

 2005년 4월 어느 날, 한국 영화 「말아톤」을 보았다. 자폐성 장애를 가진 다섯 살 지능의 스무 살 청년 초원(조승우 분)이가 2001년 춘천 마라톤 대회에서 서브스리sub-three(세 시간 이내 풀코스 완주)를 한 실제 이야기였다. 한국에서 500만 명이 보고 감동했던 것처럼, 달릴 때 가장 행복한 초원이를 보며 그때 아무런 맥락도 없이 '나도 초원이처럼 마라톤을 뛸 수 있지 않을까?' 하는 생각이 들었던 것이다. 클리브랜드 신학교의 유일한 외국인 유학생으로 살면서 말도 잘 안 통하고 이해도 느리고 학업에서도 늘 뒤처져 있던 나는 초원이와 다를 바 없었다. 그래서 멋진 말이나 뛰어난 머리로 나를 보여 주기보다 몸으로 '내가 여기

미식 축구 시합, 2004년. 녹색 바지가 필자

있다!' 하고 말하고 싶었다. 그리고 나 역시 초원이처럼 '백만 불짜리 다리'를 가지고 있었다.

그제야 내가 처음으로 뛰었던 마라톤 대회가 떠올랐다. 일반 대학교 2학년 때 과 후배들과 술을 먹다가 객기로 경주 벚꽃 마라톤 대회에 참가하기로 했다. '선밴데 적어도 하프 마라톤 정도는 뛰어야지' 하고 준비를 했는데 연습 막판에 무리하다 부상을 당해 10킬로미터로 변경해 대회에 출전했다. 벚꽃이 만발한 아름다운 경주에서 10킬로미터를 거의 완주할 무렵, 갑자기 수백 명의 여학생들이 도로로 뛰어들어 달리는 사람들과 엉겨 엉망진창이 되었다. 소리 지르며 도로로 뛰어든 여학생들은 그날 마라톤에 참가한 H.O.T.의 강타와 토니를 보러 온 열성팬들이었다. 영화 속 한 장면처럼, 초속 5센티미터로 떨어지는 벚꽃 사이에서 괴성을 지르며 도로로 뛰어드는 볼 빨간 소녀들의 모습은 첫 마라톤의 기억을 모두 삼켜 버리고도 남았다.

나는 초원이처럼 뛰어 하프 코스를 완주하고 싶었다. 인터넷을 검색해 6주 훈련 프로그램을 찾았고 대회는 5월 22일에 있을 클리브랜드 록 앤드 롤Rock & Roll 마라톤 대회였다. 대회를 준비하는 동안에 이레네오(130~202) 성인이 남긴 말을 읽었다. "살아있는 사람은 하느님의 영광입니다"(The glory of God is the living man). 참 멋지다고 생각했다. 나도 그냥 무작정 달리는 것이 아니라 하느님을 바라보며 달리면 내가 가진 몸으로 하느님의 영광을 드러낼 수 있을 것 같았다.

그래서 함께 뛰기로 한 학부 신학생 크리스 저루카Chris Zerucha와 우리 자신을 '살아있는 사람'(Living Man)이라고 부르기로 했다. 그렇게 '살아있는 사람 1'(Living Man 1)이 시작되었다. 우리는 함께 마라톤 연습을 하면서 우리만을 위해서 달리는 것이 아니라 다른 사람들, 특히 가난한 어린이들을 돕고 싶었다. 마침 신학교 교수 신부님 가운데 한 분이 아프리카 우간다에서 '신의 저항군'(LRA: Lord's Resistance Army)이라는 무장 게릴라 반군에게 납치되었다가 탈출한 아이들을 돕는 프로젝트를 진행하고 있었다. LRA는 우간다 정부에 반대해서 생긴 군사집단으로 수괴는 악명 높은 조지프 코니다. 그들은 지난 30년간 10만 명 이상의 민간인을 학살했을 뿐 아니라 6만 명이 넘는 어린이들을 납치해 소년병과 성노예로 삼았다. 그들의 만행은 미국 비영리 단체 '보이지 않는 어린이들'(Invisible Children)이 제작한 짧은 다큐멘터리로 세계에 알려졌다. 우리는 '살아있는 사람'의 이름으로 그 어린이들을 위해 신학생들과 지인들에게 후원을 요청했고 120달러를 모을 수 있었다.

마침내 대회일이 왔다. 태어나서 처음으로 21킬로미터 달리기를 시작했다. 수천 명과 함께 도시의 도로 한가운데를 달리면서 내 안에 감추어져 있었던 달리기에 대한 동물적 본능이 깨어났다. 목표를 향해 전력 질주하는 가운데 동물적으로 가장 살아있는 순간을 맛보았다. 이성과 매너의 프레임에 갇히지 않은 자유가 팔과 다리, 심장과 폐를 통해 살아 움직이기 시작했고 영혼마저 고양시켰다. 숨은 몸의 박자며, 땀은 몸의 환희였다. 달리기가 몸을 통해 나에게 주는 고통과 한계를 느끼며 결승선을 향해 뛰어갈 때 지금까지 겪어 보지 못한 새로운 존재 방식이 있음을 깨달았다. 1시간 39분의 가슴 벅찬 체험이었다.

그날 밤 4663 번호표와 완주 메달을 앞에 놓고 기도하는 가운데 신학생으로서만이 아니라 젊은 인간으로서 새로운 삶의 방식에 눈떴다. 땀과 호흡으로 느꼈던 달리기의 육체적 흥미興味만이 아니라 가난한 어린이들을 기억하며 행동한 의미意味, 나아가 내 몸을 내어 줌으로써 더 깊은 자신을 발견하는 묘미妙味를 깨달았다. 작은 상상이 맺은 생생한 결실을 보니 가슴이 벅차올랐다. 나는 달렸고 땀을 흘렸고 환히 웃으며 마쳤다. 그리고 내년 이맘때 마라톤 풀코스에 도전하고픈 꿈이 생겼다. 어려운 삶을 견딜 만하게 해 줄 꿈이었다. 하지만 그 꿈은 예상치 못한 만남으로 새로운 국면을 맞이하게 된다.

사라:
마다가스카르의 기억

아프리카의 여느 아침이다. 영양이 잠에서 깨어난다. 영양은 자기가 가장 빠른 사자보다 더 빨리 달려야 한다는 것을 잘 알고 있다. 그렇지 않으면 죽기 때문이다. 아프리카의 여느 아침이다. 사자가 잠에서 깨어난다. 사자는 자기가 가장 빠른 영양보다 더 빨리 달려야 한다는 것을 잘 알고 있다. 그렇지 않으면 굶어 죽기 때문이다. 당신이 사자든 영양이든 그것은 문제가 되지 않는다. 아무튼 해가 떠오르면 당신은 이미 달리고 있을 것이다. ─아프리카 속담

만남이라는 신비는 늘 우리 곁에 있다. 하지만 칼을 자꾸 쓰면 날이 무뎌지듯이 수많은 형식적인 만남 역시 사람을 신비에 둔하게 만든다. 그래서 여행이 필요하다. 여행은 익숙한 곳을 떠나 낯선 곳에서 새로운 만남을 통해 지금까지 잊고

있었던 신비를 다시 발견하게 만든다. 그리고 여행은 단지 떠나는 것이 아니라 돌아오는 것이며, 세상을 발견하기 위해서만이 아니라 자신을 발견하기 위함이다. 더 멀리 떠날수록 더 가깝게 볼 수 있고, 더 오래 떠날수록 더 깊게 만날 수 있다. 그 여행이 아프리카 마다가스카르라면 무뎌진 마음이 충분히 벼려질 시간을 가질 수 있을 것이다.

2005년 여름, 미국 가톨릭 구제회(CRS: Catholic Relief Services)에서 신학생들과 성직자들을 위해 마련한 체험 프로그램에 참여해 마다가스카르로 떠났다. 유명한 애니메이션 「마다가스카르」로 알려졌지만, 실제로 마다가스카르는 때묻지 않은 자연과 야생동물로 유명하다. 『어린 왕자』에 나오는 바오바브나무가 있고, 카멜레온, 검은색과 흰색의 긴 꼬리를 가진 여우원숭이 리머Lemur가 마다가스카르에 널리 퍼져 있다.

미국 애틀랜타에서 17시간을 비행하여 남아프리카공화국의 수도 요하네스버그에 도착해 하루를 쉬었다. 거기서 하루를 쉬면서 시간을 내어 넬슨 만델라Nelson Mandela(1918~2013) 생가를 방문했다. 다음 날 다시 비행기를 타고 서너 시간을 가서야 세계에서 네 번째로 큰 섬인 마다가스카르에 도착했다.

하늘에서 내려다본 마다가스카르는 '붉은 섬'이었다. 우리나라의 1960년대를 연상시키는 익숙한 논밭과 흙길에서 아이들이 그링고Gringo(백인을 낮춰 부르는 스페인 말)를 보자 모여들었다. 그런데 놀랍게도 그 아이들이 나와 닮아 있었다. 알고 보니 마다가스카르인의 조상은 동남아시아에서 온 사람들과 아프리카 대륙에서 온 사람들이 만나 이루어졌기 때문에 아시아 사람의 얼굴에 흑인과는 다른 붉은 피부빛을 가지고 있었다. 세계에서 가장 가난한 나라 가운데 하나지만 부드러운 얼굴과 붉은 심장이 느껴지는 열정적 눈빛을 가진 사람들에게 남다른 친숙함을 느낄 수 있었다.

성녀 마더 테레사(1910~1997)가 설립한 '사랑의 선교회'(Missionaries of Charity)는 오래전부터 마다가스카르의 가난한 사람들을 위해 헌신하고 있는데, 어느 날 우리 일행은 사랑의 선교회 수사님들이 운영하는 '집 없는 사람들을 위한 쉼터'를 방문했다. 일정보다 늦어져 서둘러 문을 열고 들어서는데 한 소녀가 나를 바라보았다. 나도 쳐다보았는데 그 눈빛이 너무 무겁고 슬퍼서 눈을 뗄 수가 없었다. 우리는 서둘러 집 없는 사람들에게 밥과 국을 퍼 주었다. 그들은 작은 통이나 비닐에 밥과 국을 받았는데 그것이 그들에게는 단순히 한 끼 식사만이 아님을 곧 알 수 있었다. "메르시"Merci(고맙습니다)라고 프랑스어로 말하는 그들 중에 어느 누구도 더 달라고 보채지 않았다. 실은 그들은 무릎을 꿇고 그들에게 밥을 퍼 주는 백인을 본 적이 없었다. 백여 명이 넘는 이들에게 식사를 다 나눠 드리고 나니 이마에는 땀이 맺혔고 익숙한 뿌듯함도 들었다.

사라. 그 눈빛이 너무 무겁고 슬퍼서 눈을 뗄 수가 없었다.

그때 엠마누엘 수사님께서 기타와 아프리카 드럼, 쌀이 들어 있어 흔들면 소리가 나는 라이스 쉐이커를 들고 나오더니 신학생들에게 노래를 불러 달라고 청했다. 우리는 즉석에서 신나는 성가를 불렀고 모두가 흥겨워했다. 나는 라이스 쉐이커를 흔들다가 앞줄에 앉아 계신 할머니를 일으켜 손을 잡고 춤을 추기 시작했다. 그렇게 하나둘씩 일어나더니 곧 쉼터에 있는 모든 사람이 일어나 기타와 드럼에 맞춰 신나게 춤을 추었다. 그때 깨달았다. 예수님께서 왜 하늘나라를 혼인잔치에 비유하셨는지를. 모두가 배부르게 먹고 마시고 춤을 추는 곳, 모두가 가난, 배고픔, 걱정을 잊고 그 순간을 온전히 즐기는 곳, 더 이상 주는 손도 받는 손도 없이 그저 마주 잡은 손만 있는 곳, 지위나 재물에 상관없이 오직 하나 된 기쁨만 있는 그곳에 바로 하늘나라의 충만함이 있었다. 햇볕과 비처럼 쏟아지는 하느님의 무상無償의 축복 속에 모두가 즐거웠다. 누구 하나 소외되지 않고 서로에게 마음을 열고 노래와 춤으로 사랑을 표현할 때 나는 자신을 잊고 춤을 추며 그들과 하나가 되었다.

소녀는 여전히 말이 없었다. 쉼터에 문을 열고 들어가면서 마주쳤던 그 무겁고 슬픈 눈빛이 침묵 가운데 더 깊게 느껴졌다. 밥도 먹이고 사탕도 주었지만 아무 말도 없는 소녀를 보며 수사님은 아마 길거리 생활의 충격이나 배고픔의 고통 때문에 말문을 닫았을 것이라고 했다. 떠날 때가 되어 그곳에 있는 사람들과 인사를 나누었다. 처음에는 이름 없는 홈리스들이었던 그들이 밥을 나눠 먹고 춤을 추면서 이제는 형제자매처럼 다정하게 느껴졌다. 이가 듬성듬성 빠진 할아버지, 얼굴에는 주름뿐인 할머니와 사랑스럽게 키스를 나누며 작별의 아쉬움을 달랬다. 그렇게 인사를 한참 나누고 있는데 어떤 작은 손이 조심스럽게 내 손을 잡았다. 내려다보니 그 소녀가 사탕을 물고 애절한 눈으로 날 보면서 내 손을 더 세게 잡고 있었다. 나는 다시 무릎을 꿇고 흐르는 눈물로 소녀의 얼굴을 비비면서 꼬옥 껴안았다. 하지만 "벨로마" Veloma (마다가스카르어로 '안녕')라고 말할 수밖에 없었다.

마다가스카르에는 말 못하는 이름 없는 소녀가 많았다. 아이가 태어났는데 조금이라도 장애가 있으면 부모는 그 아이를 버린다고 했다. 문화와 관습 때문에 큰 죄책감도 느끼지 않는다. 그렇게 버려진 아이들을 모아 키우고 있는 사랑의 선교회 수녀원을 방문했다. 모두 장애를 가지고 있는 아이들, 그 조그마한 아이를 가슴에 안으면 아주 약한 떨림으로 전달되는 슬픔과 불안이 절망으로 느껴졌다. 그럴 때마다 사랑의 선교회 성당 십자가 옆에 쓰여 있던 예수님의 마지막 말씀이 가슴에 와 박혔다. "I Thirst"(목마르다). 십자가에 못 박힌 극심한 육체적 고통 중에 느끼셨던 그분의 목마름은 한편으론 희망을 잃고 고통받는 인간에 대한 사랑의 목마름이기도 했다. 사랑의 선교회 수녀

위 사랑의 선교회. 모든 사람이 일어나 기타와 드럼에 맞춰 신나게 춤을 추었다.
아래 미소 짓는 아이들과 어느 할머니

사랑의 선교회 성당

님들은 고된 하루 일을 마치고 돌아오면 매일 한 시간씩 십자가 앞에서 기도를 하셨다. 인간과 세상에 대한 사랑의 목마름으로 예수님의 마음을 함께 나누었다.

    열흘간의 마다가스카르 방문을 마치고 미국으로 돌아왔지만 마음은 따라오지 않았다. 그 때문인지 수도꼭지에서 언제나 나오는 깨끗한 물, 월마트와 코스트코에 산더미처럼 쌓여 있는 물건, 남아 버리는 음식을 볼 때마다 죄책감을 느꼈다. 같은 하늘 아래 사는 똑같은 인간인데 이렇게 다르게 살고 있음이 이

해되지 않았고, 아무렇게나 쓰고 버리는 사람들의 모습에 화가 났다. 고통받는 아이들 가운데 특히 '집 없는 사람들을 위한 쉼터'에서 만난 소녀를 잊을 수가 없었다. 아무 말도 하지 않았던 그 소녀를 나는 '사라'Sara라고 부르기로 했다. 사라는 마다가스카르어로 '아름답다'라는 뜻이다. 그때부터 기회가 있을 때마다 사람들에게 사라의 이야기를 들려주었고, 배고픈 사라를 위해 무엇인가 해야겠다고 생각했다.

 무엇보다 사라를 잊지 않기 위해서, 더 정확히 말하면 내 몸과 마음에 사라를 각인시키기 위해서 달렸다. 사라는 사제가 되기 위해 공부하는 나에게 그냥 사제가 되는 것이 아니라 '어떤 사제로 살 것인가?'에 대한 화두가 되었다. 사제가 되는 것은 하루의 일이지만 사제로 살아가는 것은 평생의 일이다. 그 여정에서 가난한 이를 잊지 않는 것이 나의 사제성소에 중요한 일부가 될 것을 어렴풋이 느끼고 있었다. 어떤 사제로 살아갈지 답을 찾는 과정이 나에게는 달리기였다. 가장 본질적인 행위 안에서 가장 중요한 가치를 반복적으로 되새기는 것, 그제야 나의 달리기가 얼굴을, 아름다운 사라의 얼굴을 가지게 되었다.

클리브랜드:
나의 마라톤 성소

신사의 첫 번째 요건은 완벽한 동물이 되는 것이다. ―니체

사제가 되기 위해 공부하는 신학교는 '성소'聖所 혹은 '못자리'라고 불린다. 이곳은 하느님에게 불리움을 받은 신학생들이 지적·영적으로 양성되어 신자들에게 봉사할 사제로 자라는 곳이다. 동시에 자기 자신을 발견하고 이웃을 자기 몸처럼 사랑하며 하느님께 자신을 온전히 바칠 수 있도록 성장하는 거룩한 장소. 신학교가 사제직의 성소라면 나의 마라톤 성소는 클리브랜드다. 이곳에서 나는 마라톤에 입문했고, 매년 달렸고, 가장 잘 달렸다.

클리브랜드는 디트로이트와 함께 한때 미국에서 가장 부

유한 도시 가운데 하나였지만 철강 산업의 쇠퇴로 쇠락한 도시가 되었다. 그럼에도 불구하고 추신수가 활약했던 프로야구팀 인디언스Indians, 르브론 제임스가 뛰었던 프로농구팀 캐벌리어스Cavaliers, 프로미식축구팀 브라운스Browns를 가지고 있으며, 세계적인 클리브랜드 오케스트라와 '록 앤드 롤 명예의 전당'(Hall of Fame), 미국에서도 이름난 뮤지컬 극장, 미술관, 박물관 등이 옛 영화를 고스란히 간직하고 있다. 하지만 무엇보다 내가 가장 좋아했던 곳은 클리브랜드 메트로파크Metroparks다. 카이아호가 국립공원(Cuyahoga Valley National Park)과 함께 있는 메트로파크는 미국 오대호 가운데 하나인 이리Erie호수와 더불어 클리브랜드를 감싸고 있어 '에메랄드 목걸이'(Emerald Necklace)라고 불린다. 이 아름다운 메트로파크로 가는 것은 도시에서 원시로, 문명에서 미개로, 소음에서 침묵으로 들어가는 것과 같았다. 나는 메트로파크를 사랑했다. 그곳에서 걸었고, 자전거를 탔고, 기도했다. 그리고 언제나 달렸다.

    클리브랜드 마라톤 대회는 1978년에 시작되었는데 처음부터 10킬로미터 레이스가 유명했다. 세계적인 선수들이 엄청난 상금을 보고 10킬로미터를 뛰기 위해 왔고, 대회 때 아마추어 참가자들이 3킬로미터 정도를 달려 나갈 때 반환점을 돌아오는 엘리트 선수들의 엄청난 속도와 고통에 일그러진 얼굴을 보는 것은 클리브랜드 마라톤만의 매력이었다.

2005년에 클리브랜드 하프 마라톤을 신나게 달렸던 나는 이듬해 첫 풀코스 마라톤에 도전했다. 1년 동안 꾸준히 뛰며 체력을 키웠기에 그만큼 자신감도 커졌다. 그런데 하프 코스의 두 배인 풀코스를 뛰기 위해서는 두 배 이상의 피와 땀이 필요하다는 것을 깨닫는 데에는 그리 오래 걸리지 않았다. 6주 훈련으로 완주할 수 있었던 하프 마라톤과는 달리 풀코스 마라톤은 최소한 16주의 강도 높은 훈련이 필요했다.

　2006년 5월 21일, 첫 풀코스 마라톤 대회 날이 밝았다. 정확히 말하면, 어두운 날에 장대비가 쏟아지고 있었다. '과연 이런 날에 마라톤을 할 수 있을까?' 하는 걱정을 안고 새벽길을 나섰다. 시내에 있는 주교좌성당 앞에서 함께 뛰기로 한 '살아있는 사람 2'(Living Man 2)를 만났다. 나를 포함한 신학생 다섯 명과 교수님 한 분이었다. 걱정과 기대로 출발선에 섰을 때 이미 신발은 다 젖었고 추위에 몸이 떨렸다. 7시 정각이 되어 출발 총성이 울리자 수많은 사람이 한꺼번에 추위를 떨치며 달려 나갔다. 5킬로미터 정도를 뛰자 비는 그쳤고 몸에서는 열이 나기 시작했다. 천천히 속도를 높이며 목표한 3시간 10분 완주 페이스에 맞추어 뛰었다. 햇살이 쏟아지기 시작했고 바닥에 고인 빗물은 반짝였다.

　21킬로미터 지점에 이르렀다. 그러자 하프 마라톤과는 완전히 다른 레이스가 펼쳐지고 있음을, 비교할 수 없는 풀코스

'살아있는 사람 2', 2006년

마라톤에 들어섰음을 느낄 수 있었다. 누구나 한 번은 도전하고 싶은 풀코스 마라톤! 하지만 인간 몸의 한계를 뛰어넘는 거리, 온몸의 에너지를 쏟아부어야 하는 체력, 무엇보다 흔들리지 않는 정신력이 필요한 풀코스 마라톤은 쉽게 넘을 수 없는 거대한 산과 같다.

 30킬로미터에 가까이 왔을 때 체력이 급격히 떨어졌다. 클리브랜드에서 아름답기로 손꼽히는 길을 뛰고 있는데도 풍경이 눈에 들어오지 않았다. 엎친 데 덮친 격으로 32킬로미터를 지나 호수 길로 들어섰는데 강한 호수 바람이 맞불어 왔다. 바람과 싸우며 앞으로 나아가기가 버거웠다. 다리는 활력을 잃고 호흡은 거칠어졌으며 바람 때문에 상체를 앞으로 숙이고 뛰니 허리가 아팠다. 그제야 '풀코스 마라톤은 32킬로미터에서 시작하여 남은 10킬로미터가 진짜 레이스다'라는 말이 떠올랐다. 나는 풀코스가 아닌 32킬로미터 마라톤을 준비했던 것이다.

 벽에 부딪혔다. 심한 충격을 받고 비틀거리며 사력을 다했지만 달린다기보다는 빠르게 걷는 것보다 나을 것이 없었다. 나를 지나쳐 달려 나가는 사람들, 그 가운데에는 젊은이만이 아니라 노인, 심지어 의족을 차고 달리는 여자도 있었다. 기도가 절로 나왔다. 성모송을 계속 외며 한 발을 다른 발 앞에 놓는 것, 그것만이 내가 할 수 있는 최선이었다. 사람들의 환호 소리도 도시의 풍경도 사라지고 오직 나의 거친 숨소리만이 함께했다. 한

참을 달려 시내로 들어섰지만 길을 잃고 헤매는 마음이었다.

마침내 결승선이 눈앞에 나타났다. 그런데 오히려 담담해지는 것이 아닌가. 결승선에 다가갈 때 손을 들어 승리의 기쁨을 드러내거나 고통을 이겨 낸 자랑스러운 표정을 짓거나 열광적인 관중들의 환호에 답하면서 손을 흔들지 않았다. 내가 할 수 있었던 것은 천천히 성호를 긋는 것이었다. 마치 큰 고통을 안고 긴 기도를 바친 사람이 침묵 가운데 행하는 마지막 행위처럼, (손이 무거워 어깨까지밖에 들어 올리지 못했지만) 천천히 위에서 아래로, 왼쪽에서 오른쪽 어깨로 십자가를 그으면서 조용히 "아멘" 하고 말하며 결승선을 통과했다. 3시간 27분 25초의 긴 기도가 끝나는 순간, 그 자리에 선 채 움직일 수 없었다. 영혼을 흔들어 대는 감동이 내 몸에 고스란히 남아 있었기 때문이었다. 모든 것을 다 쏟아부었다.

사제 서품:
'살아있는 사람 3, 4'

"나는 마음이 온유하고 겸손하니 내 멍에를 메고 나에게 배워라"(마태 11,29).
─나의 사제 서품 성구

새벽에 잠에서 깼다. 더 이상 잠이 올 것 같지 않았다. 조금 있으면 날이 밝아 올 것이다. 일기를 적었다. '자신의 벗을 위해 목숨을 바치는 것보다 더 큰 사랑은 없다.' 1999년 신학교에 합격해 입학을 준비하고 있을 때 '대학 졸업식은 꼭 참석해 달라'는 연락이 집에서 왔다. 그 당시 나는 신학교 입학을 반대하는 부모님 때문에 가출해 대학 후배 집에 머물고 있었다. 부모님의 마지막 바람이기에 하는 수 없이 졸업식에 갔는데 시골에 계시던 할머니가 오셔서 이렇게 말씀하셨다. "아이고 야야(애야), 니가 결혼을 안 한다 카던데(그렇게 말하던데) 사실이가? 남자는 결혼을 해서 아(아이)를 여럿 낳아야 인간이 되는데 니가 우얄라 카노(어떻게 할려고 그러느냐)?" 할머니에게 가톨릭 사제가 된다는 것은 독신 생활의 문제이고 이것은 자연의 순리를 거스르는 일이었다. 나는 어쩔 수 없는 미소를 지으며 그다음 날 신학교에 입학했다.

학부 과정 4년을 마친 후 클리브랜드 신학대학원으로 유학을 갔고, 다시 4년간의 공부를 마치고 2007년 5월 12일 사제 서품식을 앞둔 새벽에 잠에서 깼다. 식은땀이 났다. 이제 몇 시간 후면 한국에서 오신 부모님, 미국 전역에서 온 대구대교구 사제들과 지인들 앞에서 사제로 서품을 받아야 하는데 마음이 불안했다. 클리브랜드 교구 주교님에게서 서품을 받지만 대구대교구 사제가 된다는 것, 전 세계 어디서나 똑같은 서품식 전례가 작은 위로가 되었다. 아마 한국의 동기 신부들은 나에게 '메이드 인 유에스에이'Made in USA라고 놀리겠지만, 어쨌든 제대 앞에서 가장 낮은 자세로 엎드려 모든 것을 하느님께 바친다고 생각하니 두려움이 몰려왔다. 그래서 일기를 펼쳐 적었다.

사제직은 나에게 한마디로 다음과 같다. "사제직의 핵심은 예수 그리스도와 친구가 되는 것이다"(베네딕도 16세).

내게는 아주 특별한 오랜 친구가 있다. 예수 그리스도! 그를 만나고 배우고 알고 믿고 함께 걷기를 어느새 20년이 되었다. 그런데 실은 그가 나를 '먼저' 친구 삼았다. 아무 관심도 재미도 능력도 볼품도 없는 내게 먼저 손을 내민 건 그였다. 놀랐고 의심스러웠고 기분 좋았고 흥분했던 것은 나였다. 그리고 오랜 시간 동안 그는 나를 친구로 대하며 가르치고 인내하며 기다려 주었다. 그의 이름은 예수 그리스도! 이보다 더 살아있고 멋지고 의미 있는 이름을 나는 알지 못한다. 그리고 그가 나를 이끌어 '목자'가 되기를 바랐다. 나는 양 떼를 잘 알지 못하고, 그들을 풀이 있는 곳으로 이끌 수도 없다고 버텨 보았지만 그는 늘 그랬던 것처럼 다정다감하면서도 절대 굽히지 않는 무엇이었다. 양 떼를 위하여 웃으며 소리치는 목자, '나는 마음이 온유하고 겸손하니 내 멍에를 메고 나에게 배워라.' 그와 함께라면, 그가 원한다면, 그가 나의 친구라면, 나는 그 길을 가리라. 나 역시 사랑 때문에 그 길을 걸어 보리라. 나의 친구, 예수 그리스도. 나의 친구, 예수 그리스도. 나의 친구, 예수 그리스도!

2007. 5. 12. 서품식을 앞둔 새벽녘에

재미있는 이야기가 하나 있어 소개한다. 사제 서품식 전날 한 번도 가 보지 않은 한인 미용실을 찾았다. 미국에 와서 4년 만에 처음이었지만 거금 25달러를 내고 이발을 해야 하는 날이었다. 그런데 웬일인지 금요일인데도 가게 문이 닫혀 있었다. 어쩔 수

없이 늘 가던 흑인 미용실에 갔다. 거기는 이발료가 8달러였다. 자리에 앉으며 농담 반 진담 반으로 "내일 결혼하는데(사제가 된다는 것은 교회와 결혼하는 것과 같다는 신학적인 의미로) 잘 부탁합니다" 하고 미용사에게 말했다. 그랬더니 미용사가 그곳에 있는 모든 사람에게 큰 소리로 "여기 있는 젊은이가 내일 결혼한답니다" 하고 말했고 모두가 손뼉을 치고 휘파람을 불었다. 얼마 지나지 않아 '결혼식은 어디서 하는지' 묻기에, '시내에 있는 주교좌성당'이라고 말하니 놀라는 눈치였다. 좀 미안한 마음이 들어 사실을 이야기하려고 하는데, "신혼여행은 어디로 가요?" 하고 물어서 "대한민국"이라고 말했다.

주교좌성당에서 결혼하고 10,784킬로미터 떨어진 곳으로 신혼여행을 떠난다니! 그렇게 이발을 하고, 나는 2007년 5월 12일 가톨릭 사제로 서품을 받았다. 다음 날 성 김대건 안드레아 한인 성당에서 첫 미사를 봉헌했다. 그리고 일주일 뒤, 나와 신학생 여섯 명, 교수님 한 분이 '살아있는 사람 3'으로 클리브랜드 마라톤을 다시 뛰었다. 당시에는 대구대교구 사제연수, 부모님과 지인의 방문, 감사미사 등으로 정신이 없을 때여서 따로 남긴 기록이 많지 않지만 2006년에 1,690달러를 모은 것처럼 2007년에는 2,400달러를 모금해 사라를 위해 마다가스카르로 보냈다. 사랑의 선교회 엠마누엘 수사님께서 답장을 보내왔다.

"Yes! '살아있는 사람'은 하느님의 영광입니다. 저는 여러분이 2천 명이나 되는 우리 어린이들과 홈리스들을 위해 무엇인가 하려는 모습을 보며 참으로 기쁩니다. 우리는 일주일에 5일을 밥을 나누어 주는데 쌀 1톤을 사도 2주가 지나면 떨어집니다. 참고로 쌀 1톤을 사는데 600달러가 듭니다. … 진심으로 감사드리며 여러분의 레이스가 성공적이길 기도합니다."

사제 서품 후, 클리브랜드 교구에 있는 성 안토니오 성당의 보좌신부로 발령을 받았다. 성 안토니오 성당에는 폴란드에서 이민 온 어르신이 많았다. 하루는 미사를 마치고 신자들에게 인사하는데 할머니 한 분이 내게 다가오셨다. 그분은 망설임 없이 내 볼을 꼬집으며 다정하게 말씀하셨다. "먹고 싶을 만큼 귀엽네!"(I can eat you up!) 태어나서 처음 본 동양인 신부가 얼마나 어리고 귀엽게 보였을까.

　미국의 조용한 도시에서 한국인 사제로 살아가는 일은 평범했다. 아침 7시에 아침 미사를 봉헌하고 오전 9시에 초등학교 어린이들과 함께 미사를 바친다. 미사 후에는 복사단 교육 또는 종교 수업을 하고 사무를 보다가 간단한 점심을 먹는다. 오후 1시에 십자가의 길 기도를 바치고 2시에는 병원 환자 방문을 간다. 돌아와서는 면담, 강론과 교리 준비를 하다가 저녁을 먹는다. 저녁 식사 중에 신자 한 분이 돌아가셨다고 연락이 와서 장례식장에 가서 고인을 위한 기도를 바친다. 그렇게 하루를 마치고 방에 들어오니 저녁 9시다.

　나이 드신 분이 많은 본당이라 장례미사가 많았다. 한번은 주임신부님께서 일주일 휴가를 떠나셨는데 기다렸다는 듯이 여섯 분이 차례로 돌아가셨다. 미국에서는 보통 장례가 나면 사제가 장례식장에 가서 기도를 바치고 유족들과 장례미사 준비를 상의한다. 그리고 다음 날 장례미사를 바치고 동네에 있는 무덤으로 함께 가 마지막 기도를 바친다. 여섯 분이 차례로 돌아가셨을 때에는 매일 오전에 장례미사를 바치고 묘지에 가서 한 분을 묻고 돌아서 다시 장례식장에 가니 나중에는 어떤 분을 떠나보냈는지 헷갈릴 정도였다. 그렇게 1년 동안 돌아가신 분이 백 명이 넘었다.

　본당 초등학교 8학년 학생들에게 종교 수업 시간에 사라와 '살아있는 사람'에 대한 이야기를 들려주었다. 그랬더니 학생 네 명(크리스틴, 브리지트, 니콜, 킴벌리)이 함께 뛰고 싶다고 했다. 이들 외에 학부모 토미, 유학 중인 한국인 청년 염민규 토마스가 2008년 '살아있는 사람 4'가 되어 클리브랜드 마라톤에 참가했다. 학교에서 함께 뛰거나 자전거를 타며 대회를 준비했다. 그들은 모두 마다가스카르의 사라를 기억하며 열심히 그리고 즐겁게 10킬로미터 마라톤을 준비했다.

　마라톤을 뛰는 사람이라면 누구나 풀코스 마라톤 완주를 하는 그날을 먼저 꿈꾸게 된다. 다음 대회에서 기록을 좀 더 단

'살아있는 사람 4', 2008년

축시키고 싶은 것에서부터 유명한 마라톤 대회에 참가하는 것, 그리고 마침내 아마추어 마라토너의 꿈인 세 시간 내에 풀코스를 완주하는 서브스리를 꿈꾸게 된다. 나도 예외가 아니었다. 나의 꿈은 세상에서 가장 오래된 마라톤 대회인 보스턴 마라톤에 참가하는 것이었다. 문제는 보스턴 마라톤 대회 참가 자격을 얻기 위해서는 나이대별로 공식 기록이 있어야 하는데, 그 당시 내 나이대 18~34세 그룹은 3시간 10분이었으니, 클리브랜드 마라톤 대회에서 그 시간 안에 풀코스를 완주해야 했다. (2021년 기준으로 보스턴 마라톤 참가를 위한 공식 기록은 좀 더 단축되었다. 18~34세 남자 그룹 3시간, 여자 그룹 3시간 30분, 35~39세 남자 3시간 5분, 여자 3시간 35분, 40~44세 남자 3시간 10분, 여자 3시간 40분 이내여야 한다.) 뚜렷한 목표가 있었고 본당 초등학생들도 함께했기에 열심히 준비했다. 본당 옆 고등학교 트랙을 뛰면서 스피드를 연마했고 주말이면 장거리 달리기도 소홀히 하지 않았다. 마침내 대회 날이 왔다.

또 비가 내렸다. 모자를 쓰고 뛸 수밖에 없었다. 그럼에도 계획했던 페이스를 유지하며 마의 32킬로미터의 벽도 무사히 넘겼고 호수 바람의 저항도 이겨 냈다. 하지만 마지막 5킬로미터를 남겨 두고 페이스가 떨어졌고 목표했던 3시간 10분 내에 결승선을 통과하는 것은 불가능해졌다. 그래도 포기할 수 없었다. 10킬로미터를 뛰고 신부님을 기다리고 있을 본당 학생들 얼굴을 생각해서라도 최선을 다해야 했다. 그래서 마지막 3킬로미터는 전력 질주를 했고 3시간 14분 3초의 기록으로 결승선을 통과했다. 최선을 다했기에 아쉬움은 없었다. 뛰면서 내내 바오로 사도의 말씀을 생각했다. "나는 훌륭히 싸웠고 달릴 길을 다 달렸으며 믿음을 지켰습니다"(2티모 4,7).

우리가 살아가는 현재(present)가 선물(present)이듯이 우리의 인생 역시 그러하다. 마라톤을 마치고 며칠 뒤에 나는 놀라운 사실을 발견했다. 2008년 8월이면 내 나이가 만 35세가 되는데 그 때문에 2009년 보스턴 마라톤 대회 참가 신청을 할 때 나는 35~39세 그룹에 속하게 되는 것이다. 그 그룹의 보스턴 마라톤 대회 참가를 위한 공식 기록은 3시간 15분이었다! 끝까지 포기하지 않았기에, 마지막까지 최선을 다했기에 드디어 꿈에 그리던 보스턴에 가게 되었다.

마침내:
보스턴 마라톤 대회

대부분의 마라토너들은 오래 살기 위해서가 아니라 가장 충만히 살기 위해서 달린다. __무라카미 하루키

보스턴은 마라톤 도시다. 세상에서 가장 오래된 마라톤 대회일 뿐만 아니라 무라카미 하루키가 주저 없이 '세계에서 가장 매력적인 마라톤 대회'라고 부르는 보스턴 마라톤 대회가 열리기 때문이다. 보스턴은 1896년 시작된 근대 올림픽을 기념하기 위해 이듬해인 1897년부터 4월 셋째 주 월요일을 '애국 기념일'(Patriots' Day)로 정하고 보스턴 마라톤 대회를 열었다. 그래서 이날은 '마라톤 월요일'(Marathon Monday)이라고도 불리며 도시 전체가 26.2마일(42.195킬로미터) 마라톤 코스를 따라 선

수들과 함께 호흡하며 응원한다. 이런 보스턴만의 마라톤 축제 때문에 보스턴 마라톤을 뛴 사람이라면 그 감동을 쉽게 잊을 수 없다. 특히 한국과 인연이 깊어 서윤복, 함기용, 이봉주가 1위를 해 한국인 우승자가 무려 세 명이나 된다.

홉킨턴Hopkinton은 보스턴 외곽에 있는 작은 마을이지만 보스턴 마라톤 대회가 열리는 날이면 세계의 이목이 집중되는 곳이다. 마라토너 2만 6천여 명이 이곳에서 출발해 42킬로미터 떨어진 보스턴 시내 보일스턴 거리까지 달려가기 때문이다.

나는 홀로 비행기를 타고 대회 전날 보스턴에 갔다. 보스턴 한인 성당 신자 몇 분이 마중 나와 있었다. 그들의 차를 타고 홉킨턴을 방문했다. 마라토너에게 사전 코스 답사는 중요한 일이다. 작은 마을이 세계적인 마라톤 대회 준비로 분주했다. 잠시 차에서 내려 20분 정도 마을을 달렸다. 마지막 훈련이었다. 무라카미 하루키는 말했다. "승부는 거의 출발점에서 정해진다. 그게 마라톤이라는 스포츠다. '어떤 식으로 출발점에 다다르는가', 그게 전부다. 나머지는 42킬로미터의 코스를 통해 실제로 확인하는 작업일 뿐이다. '할 수 있는 일은 다했다.'"

'살아있는 사람 5'의 준비는 모두 끝났다. 이번에는 처음으로 홀로 달려야 한다. 나처럼 보스턴 마라톤을 달릴 자격을 얻지 못한 지인들은 마라톤 코스 중간과 결승선에서 응원하기로 했다. 처음 보스턴 마라톤 대회를 직접 구경하고 응원하는 꼬마

들은 신이 나 있었다. 나는 혼자였지만 혼자가 아니기 위해 달리기 셔츠를 직접 만들었다. 검은색 셔츠에 (가톨릭 사제가 공식적으로 입는 수단의) 하얀색 로만 컬러를 바느질해서 달았다. 지난 1년 동안 수많은 언덕을 뛰어 오르내렸고, 꼼꼼히 코스를 연구했다. 후반부에 있을 연속되는 언덕들과 특히 20마일(32킬로미터) 지점에서 만나게 되는 '심장이 터진다'는 '하트브레이크 언덕'(Heartbreak Hill)에 대한 대비도 다시 점검했다.

2009년 4월 20일 아침이 밝았다. 새벽에 보스턴 시내로 나가 그곳에서 마라토너들을 수송하는 버스를 타고 홉킨턴으로 갔다. 버스는 러너들을 내려놓고는 그들의 짐을 싣고 다시 시내로 갔으니 어떻게든 완주를 해야 제때 자신의 물건을 찾을 수 있게 되어 있었다. 하늘에는 헬리콥터가 날고 여기저기 플래시가 터지고 사람을 찾는 방송이 계속 나왔다. 세계 최고의 선수들이 가장 앞줄에서 몸을 풀고 있을 것이다.

나를 아는 사람은 한 사람도 없었지만 나는 몸을 풀고 있는 아마추어들 가운데 로만 컬러를 한 한국인 러너로 섰다. 인간이 스스로에게 부여한 마라톤이라는 도전은 기원전 490년 마라톤 평원에서 페르시아 대군을 무찌른 아테네의 승전 소식을 전하기 위해 쉬지 않고 달렸던 전령 필립피데스Philippides의 정신을 기억하는 데서 시작했다. 2,500년 역사를 기리는 출발선에 서자 나의 생각과 상상을 초월하는 어떤 거대한 것 앞에 섰을 때 느껴지는 경외심으로 크게 숨을 들이마셨다.

선더버즈의 전투기 두 대가 러너들 위를 날며 축하 비행을 마치자 누군가 말했다. "저걸 타면 결승선까지 3초도 안 걸릴 텐데!" 주변 사람들이 모두 웃었다. 10시 정각에 출발 총성이 울렸다. 마침내 제113회 보스턴 마라톤 대회가 시작되었다. 기록에 따라 천 명 단위로 나뉜 그룹이 천천히 움직여 출발선에 다다르는 데에도 몇 분이 걸렸다. 시골 마을의 도로는 아주 좁고 가팔랐기에 처음에는 사람들에게 떠밀리다시피 하여 1마일(1.6킬로미터)을 달렸다. 봄이 막 시작되는 추운 날씨에도 길가에는 어린이부터 어른까지 모두 나와 큰 소리로 응원을 하고 있었다. 아일랜드 전통 백파이프 소리에 맞춘 밴드가 곳곳에서 음악을 연주했고, 연도에 선 아이들은 먹기 쉽게 자른 바나나와 오렌지를 나눠 주었다. 마라톤 도시다웠다. 사랑하지 않을 수 없는 매력이 넘쳐 나는 곳에서 나의 몸은 천천히 다가올 결전을 대비하며 계속 움직이고 있었다.

13마일(약 21킬로미터) 하프 코스 지점에 다가가자 유명한 '비명 터널'(Scream Tunnel)이 다가오고 있음을 소리로 알 수 있었다. 힐러리 클린턴이 다녔던 웰즐리 사립여대 학생들이 학교 앞에 나와서 러너들을 응원하며 지르는 함성이 마치 비명 소리로 가득 찬 터널을 지나는 것 같다고 하여 붙여진 이름이었다. '피할 수 없으면 즐겨라'라는 말처럼, 여자 수천 명의 비명을 즐기

'살아있는 사람 5', 2009년. 검은색 셔츠에 하얀색 로만 컬러를 바느질해서 달았다.

기로 마음을 먹고 달리고 있었지만 가까이 다가갈수록 커지는 우레와 같은 소리에 놀라지 않을 수 없었다.

그런데 상상을 초월한 비명 소리는 놀랍게도 한 사람, 정확하게는 달리는 사람과 휠체어에 앉은 사람을 향하고 있었다. 그제서야 제113회 보스턴 마라톤 대회에서 세계적인 마라톤 선수들만큼이나 유명한 '호이트 부자'(Team Hoyt)를 알아보았다. 태어날 때부터 뇌성마비를 앓는 아들 릭Rick을 휠체어에 태우고 달리는 아버지 딕Dick이, 믿기지 않겠지만 그들의 '천 번째' 마라톤 대회로, 자신들이 가장 좋아하는 보스턴 마라톤 대회를 달리고 있었다. 보스턴 사람 모두가 보여 준 열광적인 응원은 그들 부자의 놀랍고 감동적인 모습에 대한 성원일 뿐 아니라 굽히지 않는 인간 정신과 아들을 위해 모든 것을 바친 아버지의 사랑에 대한 경의의 표시이기도 했다. 나로서는 휠체어를 밀며 뛰고 있는 아버지 딕을 감탄과 존경의 마음 때문에 그냥 지나칠 수 없었다. 그래서 어쩌면 달리는 사람이 해서는 안 될 일을 하고 만다. 그를 지나치면서 손을 뻗어 그의 어깨를 살짝 건드린 것이다. 마치 복음에 하혈하는 여인이 예수님의 옷자락이라도 만지고 싶었던 마음과 더불어 영원히 기억하고 싶은 순간을 만들기 위해서.

비명 터널에서는 재미있는 일도 있었다. 웬일인지 내 앞에서 달리던 사람들이 갑자기 하나둘 응원하는 군중 속으로 사라졌다. 달리면서 보니 여대생들이 '키스해 주세요!'(Kiss me!)라는 푯말을 들고 서 있었고 러너들 가운데 그런 호기를 놓치고 싶지 않은 사람들이 멈춰서 볼일(?)을 보고 있었다. 놀랍기도 재미있기도 한 풍경을 보며 달리고 있었는데 갑자기 심장이 멎을 뻔했다. '뽀뽀해 드릴까요?'라고 한글로 쓴 푯말을 보았기 때문이다. 만약 그때 내 달리기 복장에 로만 컬러가 없었다면 어떻게 되었을까 생각해 보면 지금도 웃음이 난다.

 17마일(약 27킬로미터) 지점에 이르러 뉴턴에 들어서자 마침내 '연속 언덕들'(Chain Hills)이 시작되었다. 언덕 세 개를 차례로 넘고 나서 20마일(32킬로미터) 지점에 드디어 하트브레이크 언덕이 나타났다. 이제 본격적인 마라톤이 시작된 것이다. 그동안 비축해 둔 힘을 쏟아부으며 언덕을 뛰어 올라갔다. 수없이 연습했던 언덕 오르기와 열광적인 응원 덕분에 많은 러너를 뒤로하고 가장 높은 지점에 올랐고 고지를 점령한 이등병처럼 기뻤다. 그다음부터는 내리막길이었다. 바람처럼 신나게 달리면서 연도에 선 아이들과 하이파이브를 하며 나를 레이스에 맡겼다.

 그런데 정말 심장이 터지는 코스는 심리적 승리를 맛본 후에 찾아온 도심의 평평한 거리였다. 지루한 도시의 평지를 달리는데 저 멀리 보스턴의 랜드마크인 시트고Citgo 회사 간판이 사막의 신기루처럼 보이며 최악의 순간이 시작되었다. 온몸이 비명을 지르기 시작했다. 근육은 경련을 일으키고 다리는 돌덩이처럼 무거워졌다. 다시 성모송을 외며 보스턴 시내의 멋진 풍경을 잊고 그저 한 발 한 발 뜀박질에 온 정신을 쏟아야 했다. 마침내 보스턴 레드삭스의 펜웨이 파크를 지나 결승선이 보이는 보일스톤 거리로 들어섰다.

갑자기 눈앞에 나타난 수만 명의 사람들! 그들은 나를 기다렸다는 듯이 큰 함성을 지르며 맞아 주는 것이 아닌가! 고개를 들어 하늘을 보았다. 더없이 푸르른 봄 하늘이었다. 심장은 터질 것 같은 성취감과 말로 다 표현할 수 없는 감사를 뿜어 내고 있었다. 3시간 7분 35초로 결승선을 통과했다. 그리고 다음에 무엇을 해야 할지 바로 알았다. 가야 할 곳이 있었다. 뉴욕!

서브스리:
벽에 부딪히다

주 하느님은 나의 힘. 그분께서는 내 발을 사슴 같게 하시어 내가 높은 곳을 달리게 해 주신다. ─하바 3,19

마라톤은 철저히 개인 운동이며 기록 운동이다. 마라톤을 같이 연습하고 같이 완주하는 사람들도 있지만 많은 러너가 혼자 연습하고 혼자 뛴다. 대회에서 수만 명과 같이 달려도 어느 지점에 이르면 모든 사람이 사라지고 고통에 헐떡이는 자신만 남는다. 그리고 풀코스에 처음 도전하는 사람은 완주가 목표지만 한 번 완주를 하고 나면 기록이 보이기 시작한다. 한 걸음씩 뛰어 42.195킬로미터를 완주하는 데 1분 1초의 에누리도 없이 주어지는 결과가 개인 기록이다. 나는 1년에 한 번,

가끔은 두 번 반드시 그 세 시간 몇 분의 가장 밀도 있는 시간을 체험한다. 몇 달에 걸친 연습과 모든 것을 쏟아부은 결과가 3으로 시작되는 숫자로 표시된다. 너무 단순해서 때론 잔인해 보이기까지 하는 이런 결과가 마라톤의 정직함이며 매력이다.

나의 첫 풀코스 마라톤 기록은 2006년 클리브랜드 마라톤에서 세운 3시간 27분 25초다. 기본적인 훈련 프로그램을 따라 연습했지만 뚜렷한 목표 없이 그저 완주를 목표로 하고 뛴 결과였다. 이듬해에 나름 준비를 해서 두 번째 대회에 나갔는데 결과는 3시간 26분 10초였다. 그때 비로소 무작정 달리기만 해서는 기록을 단축시킬 수 없다는 것을 깨달았다. 그래서 24주 훈련 프로그램에 따라 준비를 시작했고 2008년에는 전년도에 비해 12분 이상 단축한 3시간 14분 3초의 기록을 얻었다.

2009년 보스턴 마라톤 대회를 준비하면서는 세계에서 가장 유명한 대회의 코스에 대한 정보와 훈련 방법을 쉽게 얻을 수 있었다. 집중적인 언덕 오르내리기 훈련과 코스 연구만이 아니라 코스에 따른 심리적인 태도와 집중 공략할 시점까지 세밀히 준비했다. 그래서 다시 7분가량을 단축해 3시간 7분 35초로 완주할 수 있었다. 말 그대로 파죽지세였다. 이런 기세라면 곧 아마추어 마라토너의 꿈이라고 할 수 있는 3시간 이내에 풀코스를 완주하는 서브스리를 달성할 수 있을 것만 같았다. 하지만 곧 벽에 부딪혔다.

보스턴 마라톤 대회의 감동과 영감을 안고 나는 같은 해 11월 1일 모든 성인 대축일에 제40회 뉴욕 마라톤 대회 출발선에 서 있었다. 보스턴 마라톤 결승선을 통과하면서 세계 메이저 마라톤 대회(World Marathon Majors)를 뛰어야 하겠다는 생각을 했고 바로 뉴욕 마라톤 대회를 신청했는데 운 좋게도 당첨되었다. 전 세계에서 가장 유명한 다섯 마라톤 대회 가운데 셋이 미국에서 열리는데 보스턴, 뉴욕, 시카고 마라톤 대회다. 나머지 둘은 런던과 베를린 대회이고, 도쿄 마라톤은 2013년부터 세계 메이저 마라톤 대회가 되었다.

뉴욕 마라톤 대회는 1970년에 시작되었는데 참가비 1달러를 내고 센트럴파크를 네 바퀴 도는 소박한 대회로 127명이 참가해 55명이 완주했다. 하지만 현재는 4만 5천여 명이 참여하는 세계에서 가장 큰 마라톤 대회 가운데 하나로, 자유의 여신상이 보이는 스태튼섬에서 출발해 뉴욕시를 이루고 있는 자치구 다섯 개를 통과한다. 출발 지점에서 유명한 베라자노 내로스 다리를 지나 브루클린으로 들어서면 정통 유다인들이 마라토너들을 바라보는 이상한 눈빛을 만난다. 퀸즈에 들어서 하프 코스를 지나 엄청난 퀸즈보로다리를 건너 브롱스를 향해 달려가다가 32킬로미터 지점에 이르면 매디슨다리를 만난다. 마침내 맨해튼의 5번가에 들어서면 수많은 뉴요커들이 폭풍 같은 환호를 보내며 맞아 준다. 코스는 센트럴파크로 이어져 끝이 나는데 뉴욕 맨해튼은 도시 전체가 일주일 동안 축제 분위기가 된다.

한때 뉴요커로 한 달을 맨해튼에 살면서 자전거로 누볐던 도로를 달리는 감회가 남달랐다. 세계에서 가장 많은 돈이 오고 가는 월 스트리트가 있지만 동시에 할렘과 같은 빈민가도 있는 맨해튼, 자본주의의 풍요 속에 생존만을 위해 허덕이는 빈곤한 '제4세계'인 이곳은 그 극명한 빈부의 격차를 달리는 코스에서도 그대로 느낄 수 있었다. 동시에 9·11 테러로 사라져 버린 세계무역센터의 그라운드제로에 세워진 커다란 H빔은 상처받은 뉴요커들의 영혼의 상징처럼 여겨졌다. 그래서인지 살아있음을 보고 느낄 수 있는 마라토너들에 대한 열렬한 관심과 응원은 가슴 찡한 외침으로 다가왔다. 한마디로, 뉴욕은 특별하다.

보스턴 마라톤 대회의 여세를 몰아 최선을 다한 뉴욕 마라톤 기록은 3시간 7분 52초였다. 코스가 익숙하지 않았고 처음으로 한 해에 두 번째 뛰는 마라톤이라 후반부에 체력이 떨어져 서브스리를 못했다고 생각했다. 그런데 다음 해에 익숙한 클리브랜드 마라톤을 달렸는데도 기록이 3시간 7분 58초였다. '어떻게 세 번이나 연속으로 3시간 7분대의 결과(3:07:35, 3:07:52, 3:07:58)가 나왔을까?' 고민하지 않을 수 없었다. 그때까지 체계적인 훈련을 기초로 대회 당일 컨디션만 좋으면 언제든 서브스리를 할 수 있다고 생각했는데 그것은 착각이었다. 다른 사람들처럼 열심히 훈련하고 최선을 다해 뛰면 기록을 계속 단축할 수 있을 것이라 생각했는데 나의 체력이 마침내 한계에 이른 것이다. 무엇보다 단순한 계산만으로도 중요한 사실을 깨닫게 되었다. 가령 풀코스 마라톤에서 7분(420초)을 단축하기 위해서는 1킬로마다 10초씩 빨리 달려야 한다. 이 말은 백 미터를 1초씩 빨리 달려야 한다는 뜻이다. 우리는 안다. 백 미터 기록을 20초에서 19초로 줄이기는 쉬워도(물론 이것을 420번 연속해서 성공해야 7분을 줄일 수 있지만) 11초에서 10초로 줄이는 데에는 엄청난 노력과 시간, 재능이 필요하다. 나에게 3시간 7분의 벽은 그렇게 높았다.

　모든 것을 바꾸었다. 훈련 방법뿐 아니라 400미터 트랙을 뛰는 인터벌 훈련과 페이스를 유지하는 페이스런을 추가했고, 32킬로미터 지점부터 체력이 저하되는 것을 줄이기 위해 장거리 연습을 배로 늘렸다. 한계라고 생각했던 벽을 넘어 서브스리에 도달하기 위해서는 모든 것을 쏟아부어야 했다. 그리고 운명의 대회로 2010년 시카고 마라톤 대회를 정했다. 세계 메이저 마라톤 대회로서 유명한 시카고 마라톤 대회는 마침 대회일이 10월 10일이어서 유명해진 대회 홍보 문구 '10-10-10'이 마치 행운처럼 느껴졌다. 보통 시카고의 10월 날씨는 섭씨 11도 정도로 달리기에는 최적이며 코스도 가파르지 않고 적당했다.

　하루 전날 홀로 비행기를 타고 시카고에 가서 대회장에 들러 번호표와 패키지를 수령했다. 소란한 분위기와는 달리 조용

시카고 마라톤 대회, 2010년

히 움직였고 모텔에서 일찍 자고 출발선에 미리 가 섰다. 골인 지점에서 기다리는 사람 하나 없었지만 괜찮았다. 결국은 혼자서 마주해 극복해야 할 것이었기에 숨을 크게 들이마셨다.

    2010년 10월 10일 아침 7시 30분, 제33회 시카고 마라톤 대회가 시작되었다. 그동안 나에게 시카고는 클리브랜드를 떠나 한국을 오고 가는 길에 비행기를 환승하는 이름뿐인 도시였다. 그렇지만 러너로 시카고 중심부를 달리며 시카고의 공기를 호흡하고, 시카고 사람들의 환호 소리를 듣고, 유명한 시카고 바람을 맞으며 시카고를 새롭게 만날 수 있었다. 계획한 페이스대로 뛰었다. 하프를 지날 때 기록이 1시간 30분 8초였으니 서브스리가 눈에 보이는 것 같았다. 누군가 말했다. '마라톤은 32킬로미터 지점에 도달하면 반이 끝난 것이다. 진짜 레이스는 그곳에서부터 시작된다.' 마의 32킬로미터 지점을 지나자 체력이 떨어지기 시작했고, 그날따라 기온이 29도까지 치솟아 올랐다. '팔을 앞뒤로 크게 흔들자.' '숨을 쉬자.' 혼자 기본기를 만트라처럼 계속 되새기며 한 번에 한 걸음씩 아이처럼 뛰기 위해 온 정신을 집중해야 했다. 하지만 눈앞에서 서브스리는 서서히 녹아내렸고 발바닥이 다 벗겨지는 각고의 노력 끝에 3시간 5분 26초의 기록으로 마쳤다.

시카고 대회 이후, '나는 과연 서브스리를 할 수 없는가?'라는 질문은 '나는 서브스리를 못해도 괜찮은가?'라는 질문으로 바뀌었다. 대답은 'No!' 마라톤에 입문해 계속 달리는 사람은 누구나 자신의 한계인 벽에 부딪히게 되는데 그때 포기한다면 마라톤은 한때의 열정과 추억으로 끝이 나고 만다. 나에게는 마지막 기회가 남아 있었다. 2011년 8월에 한국으로 귀국을 앞두고 5월에 있을, 나의 마라톤 성소인 클리브랜드 대회에서 서브스리로 마지막을 장식하고 싶었다. 그리고 대학원 수업 시간에 하프 마라톤 기록이 1시간 15분대인 닉Nick이라는 친구를 알게 되어 레이스 후반 나의 페이스메이커가 되어 달라고 부탁했다. 목표에 도달하기 위해서는 누구의 도움이라도 기꺼이 받을 준비가 되어 있었다.

'살아있는 사람 7':
157명이 달리다

사랑에 빠지고 사랑 안에 머무르십시오. 그것이 모든 것을 결정할 것입니다.
_예수회 총장 베드로 아루페 신부

'다른 사람을 위한 사람이 되는 것'(Men and women for others)은 1534년에 이냐시오(1491~1556) 성인이 세운 예수회가 오백 년 동안 가르쳐 온 중요한 교육철학이다. 조지타운, 보스턴 칼리지, 지역마다 있는 로욜라 대학 등 미국에는 예수회가 세운 유명한 사립대학이 많다. 클리브랜드에 있는 존 캐럴John Carroll 대학도 그중에 하나다. 프란치스코 교황님은 예수회 출신 첫 교황이다.

나는 2009년 성 안토니오 성당의 보좌신부 임기를 마칠 즈

'살아있는 사람 6', 2010년

음 존 캐럴 대학의 비영리단체 경영학 석사 과정에 들어갔다. 학비는 클리브랜드 교구 신부로 장학금을 받았지만 기숙사비와 생활비는 내가 직접 해결해야 했으므로 교목 신부로 지원했다. 교목 신부는 기숙사 생활을 하는 대학생들을 사목하기 위해 교목처에 소속되어 미사(주일 저녁 미사는 밤 9시에 있었다)와 성사를 집전하고, 학생들과 상담하며 같은 기숙사에 살았다.

모든 예수회 신부들은 캠퍼스 밖에 살았는데 나는 학생 삼천 명과 함께 살았다. 한국에서 온 신부를 본 적이 없는 대학생들이 대부분이었는데 그들과 어울리는 방법은 함께 뛰는 것이 최고였다. 원반던지기 게임, 깃발 빼앗기 등은 내겐 생소한 게임이었지만 모두 잘 뛰는 사람이 유리했다. 그들 표현대로라면, 나는 우버 패스트Uber fast, 곧 엄청나게 빨랐다. 그렇게 함께 뛰며 대학생들과 친해졌고 2010년 '살아있는 사람 6'으로 교수, 직원, 학생으로 구성된 19명이 클리브랜드 마라톤을 함께 달려 성금 3,200달러를 모아 절반을 지역의 사회복지센터에 보낼 수 있었다. 그리고 나는 그해 여름 절반의 성금과 따로 모은 돈을 들고 마다가스카르를 다시 방문했다.

"This is Africa(TIA)." 영화「블러드 다이아몬드」에서 주인공 대니 아처(레오나르도 디카프리오 분)가 하는 말이다. "여기는 아

마다가스카르에서, 2010년

프리카라 모든 것이 가능해"라는 의미로, 나에게 아프리카란 마다가스카르를 뜻하고 마다가스카르란 사라의 다른 이름이었다. 5년 만에 다시 마다가스카르로 향하는 비행기 안에서 '그동안 변한 것이 있다면 신학생이 사제가 되었다는 것뿐일까?' 하는 의문이 들었다. 그것은 다만 겉으로의 변화일 뿐이었다. 마다가스카르의 체험은 나에게 사제가 된다면 어떤 사제로 살아야 할지를 가르쳐 주었다. 가난한 이를 잊지 않고 사는 것, 그것을 잊지 않기 위해서 매일 달리는 삶의 근원으로 돌아가는 길이 마다가스카르로 향하는 길이었다. 마다가스카르로 향하는 비행기 안에서 조지 수사님과 다른 형제를 만났다. 그들 역시 사랑의 선교회로 엠마누엘 수사님을 찾아가는 길이었다. 새로운 만남은 이미 시작되었다.

그곳에서는 여전히 집 없는 사람들에게 밥을 나눠 주고 있었다. 나도 5년 전과 똑같이 밥을 퍼 주었다. 함께 노래하고 춤도 추었다. 그러면서 한편으론 '사라를 만날 수 있지 않을까?', '혹시 몰라보면 어떻게 할까?' 걱정했지만 그런 일은 일어나지 않았다. 오히려 만날 수 없음이 다행이라 여겨졌다. 어딘가에 있을 집에서 매일 따뜻한 밥을 먹고 또래 아이들과 놀며 떠들고 있을 사라를 위해 기도했다.

나는 가는 곳마다 그곳 사람들과 미사를 봉헌했다. 언어와 문화의 차이를 뛰어넘어 같은 식탁에서 말씀과 빵을 나눌 수 있음이 은혜로웠다. 나는 사제로 그들을 위해 기도했고, 그들의 '아멘'은 바로 나의 기도이기도 했다. 결코 물질로 채울 수 없는 결핍을 기도 안에서 나누며, "돕는다는 것은 우산을 들어 주는 것이 아니라 함께 비를 맞는 것입니다"라는 신영복(1941~2016) 선생의 말이 떠올랐다.

그저 함께 있음이 전부였다. 하지만 만남은 이별의 또 다른 이름이듯이 떠나야 할 때가 왔다. "다시 올 기예요?"라고 묻는 그들의 질문에 "그렇게 할게요"라고 대답했지만 자신이 없었다. '하느님이 허락하신다면'이라는 말을 차마 붙일 수 없었다. 황량한 벌판에 학교를 세우고 갈 곳 없는 아이들을 가르치는 수녀님들을 보며 '언젠가 선교사가 된다면 바로 이곳이 내가 올 곳이겠구나' 하는 생각이 들었다. TIA! 아프리카에서는 모든 것이 가능하니까!

존 캐럴 대학에서는 추수감사절에 가난한 지역 100가정에 보낼 사랑의 바구니를 채우기 위해 돈을 내고 5킬로미터를 뛰는 자선 달리기 대회가 매년 열린다. 2010년 나는 학교의 동의를 얻어 그 대회 이름을 '신부님 추월하기'(Pass the Priest)로 바꾸었다. 참가자 중 누구라도 나보다 먼저 결승선에 도착하면 교목처에서 준비한 특별한 선물을 받을 수 있었다. 20대 초반의 혈기 왕성한 젊은이들이 30대 후반의 신부를 따라잡으려 애썼지만 다섯 손가락 내의 학생들만이 선물을 받을 수 있었다. 그때부터 나에게는 '달리는 신부'(Running Father)라는 별칭이 생겼다.

대학 캠퍼스에 사는 유일한 신부로서 새로운 행사도 기획했다. 사순절 기간인 40일 동안 매일 한 시간씩 원하는 누구에게나 한국 차를 대접하는 '하상바오로 신부와 차 한 잔'(Tea with Fr. H.Paul)이 그것이다. 학생, 직원, 교수 등 누구라도 온라인으로 신청할 수 있었고 기숙사 나의 방에서 한국 차를 마시며 이런저런 이야기를 나누었다. 실은 자기중심적으로 생활하는 내가 다른 사람을 위해 매일 한 시간을 온전히 내어 주는 것은 사순절을 잘 보내기 위한 나만의 극기와 절제의 방법 중 하나였다. 신

신부님 추월하기

부님과 차 한 잔은 유명한 사순절 이벤트가 되어 대학에서 나의 사순절은 늘 바빴다.

 2011년 4월 15일은 잊을 수 없는 날이다. 달리기를 통한 하느님의 현현(Epiphany)을 체험했기 때문이다. 대학생들을 위한 피정 역시 교목 신부의 몫이다. 피정에 가면 가슴 아픈 이야기를 많이 듣게 된다. 모든 것을 다 가진 것 같은 미국의 중상류층 젊은이들이지만 그들 역시 상처와 절망으로 얼룩진 기억을 가지고 있었고 그들에게 위로와 치유, 희망을 발견하는 시간이 피정이었다. 그래서 피정을 한 번 다녀오면 심신이 녹초가 되었다. 그렇게 피정을 마치고 돌아온 저녁, 부모님께 전화를 드렸다. 어머니가 울면서 전화를 받으셨다. 암이 전이되어 또다시 항암 치료를 열두 차례 받아야 한다는 청천벽력 같은 소식을 전해 주셨다. 차마 할 말이 없어 듣고만 있었는데 날카로운 슬픔이 스펀지처럼 세포 하나하나에 스며드는 것 같았다.

 다음 날 오전, 화창한 날씨에 전날의 피로와 슬픔을 씻기라도 하듯 열심히 뛰었다. 8마일(약 12킬로미터)을 달리고 캠퍼스에 돌아오니 정오 무렵이었다. 수업을 마친 학생들이 모두 식당으로 걸어가고 있었다. 잔디밭 한가운데에서 스트레칭을 하다가 그들의 뒷모습을 보고 있는데 갑자기 눈물이 흘러내렸다. 그들 하나하나가 '살아있는 사람'으로 다르게 보였다. 그들 모두 각자의 어깨에 지고 가는 고통과 아픔이 느껴졌다. 전혀 낯선 이들이 나와 하나가 된 것 같았다. 토마스 머튼Thomas Merton(1915~1968)이 루이빌에서 체험한 것처럼 낯선 이가 하나도 없었다. 그들 모두가 '걸어가는 빛나는 태양' 같았다. 고통은 우리 각자의 몫이고 여전히 그 자리에 있겠지만 혼자가 아니라는 생각에 이르자 주체할 수 없는 기쁨이 몰려왔다. '나도 살아야 한다', '나도 이 삶을 살아 낼 수 있다'라는 생각이 솟구쳐 올랐다. 그저 감사하고 아름다울 뿐이었다. 한낮 태양의 은총 아래 오래도록 서 있었다.

'살아있는 사람 7'은 미국에서의 나의 마지막 마라톤이었다. 또한 마라톤을 시작할 때부터 꿈꿔 왔던 서브스리에 대한 결판의 날이었다. 하지만 나의 목표보다는 사라를 먼저 생각해야 했다. 그래서 총장 신부님을 찾아가 '살아있는 사람 125명 프로젝트'를 제안했다. 2011년은 존 캐럴 대학이 설립 125주년을 맞이하는 해로 많은 행사가 기획되어 있었지만, 이냐시오 성인의 가르침인 '하느님의 더 큰 영광을 위하여' 다른 사람을 위해 땀과 시간을 쏟는 '125년을 기념하는 달리기 선수 125명'(125 years, 125 runners for others)이야말로 가장 존 캐럴다운 일이 될 것이라고 말했다. 그리고 클리브랜드 아동 복지센터와 마다가스카르의 '집 없는 사람들을 위한 쉼터'에 1만 2,500달러를 모금하면 좋겠다고 했다.

총장 신부님의 전폭적인 지지와 학생들의 적극적인 참여

로 '살아있는 사람 7'은 캠퍼스에 마라톤 붐boom을 일으켰다. 달리는 '살아있는 사람'들을 위한 황금색 러닝셔츠뿐 아니라 대회 때 물을 나눠 주는 자원봉사자들을 위한 셔츠도 제작했다. 캠퍼스에서는 자신이 뛰는 거리에 맞춰 그룹별로 훈련을 했고, 나는 인터넷으로 달리기 방법을 소개하고 격려했다. '살아있는 사람'(Living Man)의 이름도 바꾸었다. 대학생들이 살아있는 '사람'(Man)이 남성 편향적이라 하여 좀 더 포용적인 '사람'(Person)으로 바꾸자고 건의하였기에 '살아있는 사람'(Living Person)이 되었다.

    대회 전날 토요일에는 대학교 성당에서 '살아있는 사람'과 후원자들이 모여 후원금 봉헌과 감사미사를 바쳤다. 미사 후에는 스파게티 파티도 잊지 않았다. 그렇게 '살아있는 사람 7'은 대학생, 교수, 직원, 한인본당 신자, 신부님까지 157명이 등록했고, 성금도 목표를 훨씬 뛰어넘는 23,673.20달러를 모았다.

    '살아있는 사람 7'을 준비하고 이끌었던 나의 이야기는 사진과 함께 지역신문(『The Plain Dealer』)에 크게 났다. '아름다운 사라를 위해 달리는'(Running for Sara the beautiful) 나의 이야기가 7년 동안 자라나 '다른 사람을 위해 달리는'(Running for others) 이야기로 열매 맺은 것이다. 신학생 두 명이 7년 후에 '살아있는 사람' 202명으로 늘어났고, 120달러의 첫 정성이 7년 후에 37,910.20달러가 된 것이다. 무엇보다 세상을 변화시키고자 한다면 먼저 자신이 변화되어야 한다는 간디의 말을 실천할 수 있어 뿌듯했

지역신문에 실린 필자의 사진

다. 이제 남은 것은 하나뿐이었다. 미국에서의 나의 마라톤 역사 7년의 이정표로 서브스리를 달성하는 것이다.

 2011년 5월 15일 새벽, 클리브랜드 시내 주교좌성당 앞에 황금색 셔츠를 입은 '살아있는 사람' 150여 명이 모였다. 그들 앞에서 나는 손을 들어 '살아있는 사람'을 위한 축복의 기도를 바쳤다. 2003년 아무것도 모른 채 미국으로 온 두려움 가득했던 신학생이 이제는 달리는 신부가 되어 큰 소리로 축복의 기도를 바치고 있었다. 초원이었던 한 신학생의 조그마한 상상이 자라나 수확을 앞둔 황금 벌판이 된 것 같았다. 풍성한 곡식을 바라보듯 마음이 넉넉했다.

 7시 정각 출발 총성이 울렸다. 날씨는 좋았고 컨디션도 괜

'살아있는 사람7', 2011년

찮았다. 잘 달렸다. 하프를 지날 때 기록이 1시간 29분대였고, 닉이 합류해서 나를 끌어 주었다. 중간에 비가 내렸지만 서두르지 않고 계획한 페이스대로 뛰었다. 호흡 하나, 발 걸음 하나가 모든 것이었다. 이렇게 진하게 한순간 한순간 살아있음을 느껴 본 적이 없었다. 마치 내 안에 감춰져 있던 하느님의 숨과 성령의 불이 터져 나오는 것 같았다.

마지막 급수대를 지날 때 존 캐럴 대학생 백여 명이 연도에 나와 "H.Paul! H.Paul!"을 소리치며 서브스리를 응원했다. 호흡은 거칠었고 팔은 무거웠지만 계속 뛰었다. 결승선이 보이는 코너를 돌아서면서 닉의 응원을 뒤로하고 혼자 내달렸다. 다리는 기계적으로 움직였고 심장은 남은 힘을 다해 펌프질하고 있었다. 멀리 기록판이 눈에 들어왔다. 그런데 앞 숫자가 3이었다. 절망했다. 아, 그렇게 뛰고도 3시간의 벽을 넘지 못한 것이다. 3시간 1분 25초.

마라톤을 하는 사람은 안다. 3시간 1분 25초의 기록이 무엇을 뜻하는지. 아쉬운 기록이기도 하지만 아직도 멀었다는 것을 말이다. 그것은 비단 86초의 물리적인 시간의 거리만이 아니라 서브스리라는 육체적 한계를 얼마나 절실하게 뛰어넘고 싶은가 하는 마음과 정신에 대해서도 마찬가지다. 만일 내가 미국에서의 마지막 마라톤에서 서브스리를 했더라면 나는 보스턴 마라톤 대회에서 우승한 이봉주가 된 것처럼 귀국했을 것이다. 하지만 86초의 모자람이 나를 고개 숙이게 만들었고, 그 덕분에 나는 아직도 목마름을 느끼며 꿈을 꾸고 있다. 어쩌면 서브스리는 나에게 허락되지 않을 미지의 영역일지도 모른다. 하지만 지금도 그 목표를 바라보며 뛰면서 꿈꾸기를 포기해서는 안 된다는 것을 믿는다. 오히려 그 꿈을 바라보며 계속 달릴 수 있음을 감사히 여긴다.

2부

사제 생활의 주춧돌

"월요일을 기억하라"

인간은 항상 시간이 모자란다고 불평하면서 마치 시간이 무한정 있는 것처럼 행동한다. _세네카

클리브랜드 신학대학원 원장 톰 티프트Tom Tifft (1942~2012) 신부님의 키는 150센티미터가 조금 넘었던 것 같다. 그럼에도 큰 목소리와 육중한 풍채를 지닌 원장신부님은 내가 미국에 갔을 때부터 두 팔 벌려 환영해 주셨다. 늘 인자하셨고 다른 교구 신학생인 나를 똑같이 아끼고 사랑해 주셨다. 하루는 신부님께서 사제 서품이 얼마 남지 않은 나와 동기 부제 세 명을 따로 불렀다. 그때 톰 신부님은 내가 평생 잊지 못할 말씀을 해 주셨다.

"Remember Monday(월요일을 기억하라). 여러분이 사제 서품을 받고 주일에 첫 미사를 봉헌하면 수많은 사람이 여러분에게 와서 축하해 주고 선물도 주겠지요. 그리고 여러분은 그들을 위해 기도하며 안수해 줄 것입니다. 하지만 다음 날 월요일이 되면 여러분은 혼자가 될 것이고 계속 그런 월요일이 돌아올 것입니다. 월요일을 잘 사는 것, 그것이 사제 생활의 핵심입니다."

월요일은 계속해서 내게 온다. 주일을 예비자 교리, 교중 미사, 단체와의 점심 식사, 공소 미사, 모임 등으로 정신없이 보내고 맞이하는 월요일은 늘 피곤하다. 처음에 본당신부가 되었을 때와는 달리, 이제는 월요일 새벽 미사를 봉헌하고 아침을 간단히 먹은 뒤에는 그냥 쉰다. 몸이 그렇게 하기를 원하기 때문이다. 그다음에는 점심을 먹고 필요한 일을 하는데 여기서 뺄 수 없는 것이 달리기다. 일과 사람에 지친 몸에 약간의 자극을 주면 생기가 돌고 머리가 맑아지는 것을 느낄 수 있다.

그런데 내 삶의 목표는 원래 월요일이 아니라 일요일이었다. 남들처럼 성공해서 주중에 열심히 가치 있는 일을 하고 일요일이 되면 사랑하는 가족과 여유를 즐기며 쉬는 것이 내 삶의 오랜 바람이었다. 그래서 나에게 가장 어울리면서 성공 가능성이 높은 경제학을 전공했다. 하지만 인간은 삶에 던져진 존재, 아무것도 스스로 선택할 수 없는 무기력한 존재일 뿐이다. 1997년 나라가 부도나고 IMF 구제금융으로 하루 아침에 세상이 달

톰 티프트 신부님과 함께. 의자에 앉아 계신 분이 티프트 신부님이다.

라졌다. 당시 대학교 3학년이던 나는 선배들처럼 4학년이 되면 조건이 가장 좋은 대기업 가운데 한 군데에 취업할 계획이었다. 계획은 사람이 세우지만 이루는 것은 신이 한다더니 말 그대로 어떤 것도 계획대로 되지 않았다. 그저 혼란스럽고 고통스러운 시간이었다.

　IMF 외환 위기 이후 20년이 훨씬 더 지났지만 지금도 그때의 고통을 느낄 수 있다. 기업이 도산하고 가정이 파탄한 것뿐 아니라 사회생활을 시작할 무렵에 닥친 경제 위기로 인해 나와 같은 젊은이들이 겪었을 시련과 그 이후의 불안정한 삶도 기억해야 할 것이다. 그러나 IMF 외환 위기의 불행은 내 삶을 놀랍게, 한편으론 은혜롭게 바꿨다. 국가적 재난 때문에 국내 신규 채용이 없어지자 나는 중국에 공장이 있는 한국 기업에 취직해서 중국으로 갔다. 중국 십 대 소녀들, 한 자녀 정책으로 국가에 등록되지 못해 법의 보호를 받지 못하는, 그래서 너무나 싼 임금만 받으며 일해야 하는 이들이 한국 기업의 이윤이었다. 낮에는 한 달에 겨우 백 달러를 버는 그들을 착취하고, 밤에는 술자리 팁으로 백 달러를 흥청망청 쓰는 무자비한 자본주의를 맛보았다. 성당도 찾을 수 없었고 이대로 가다간 괴물이 될 것 같아 두려워 떨다가 완전히 실패하고 무너졌다.

　그때 시궁창에서 고개를 들었더니 세상을 위해 살지 않는, 일요일이 아니라 월요일이 더 중요한 삶이 나에게 손을 내밀었다. 그래서 회사를 그만두고 신학교에 입학했다. 멋진 일요일을 위해 능력을 키우고 자신을 드러내 성공하는 것은 신영복 선생이 말한 것처럼 속도와 효율이 지배하는 자본의 논리에 따라 도로의 고속을 원하는 삶이었다. 앞만 보고 질주하는 직선의 삶은 풍요롭지만 비인간적이었다. 하지만 인간다움의 길은 더디지만 과정을 소중히 여기는 곡선으로 소박하고 아름답다. 월요일을 소중히 여기는 삶은 일요일에 세상이 아니라 하느님의 사람들을 위해 헌신하기로 결심한 사람에게 주어지는 선물이다. 나만의 사랑하는 가족은 없지만 교회와 신앙 공동체가 아끼고 염려해 주는 사람을 위한 시간이다. 그래서 월요일은 하느님의 사람을 위한 시간이다.

달리기에 가장 좋은 날은 월요일이다. 신영복 선생이 『감옥으로부터의 사색』에서 말한 감옥에서 만난 노인 목수 한 분의 이야기가 떠오른다. 그 노인은 집을 그릴 때 보통 사람들과는 반대로 그렸다고 한다. 지붕부터 그리는 우리들과는 달리 그는 주춧돌을 그린 다음, 기둥, 들보, 서까래, 지붕의 순서로 집을 그렸다. 집을 짓는 사람의 그림이었다. 나는 그 글을 읽으면서 충격을 받았다. 그동안 행동으로 실천하기보다 말과 머리로만 집을 지어 온 나의 한계를 체감할 수 있었기 때문이다.

사제 생활도 마찬가지다. 주춧돌을 먼저 놓아야 하는데 자주 사람들에게 드러낼 지붕을 그리고 있는 나를 본다. 멋진 결과만 먼저 기대하고 기초는 신경 쓰지 않는 격이다. 신자들에게 인정과 사랑을 받기를 원하면서 헌신과는 거리가 먼 자기만족이나 인기를 바라고 하는 일이 대부분 그렇다. 사제가 예수님께 기도하지 않으면서 신자들의 신앙심이 깊어지기를 바라는 것도 마찬가지다. 주춧돌부터 먼저 놓는 사제 생활, 이를 위해서는 먼저 기도를 해야 한다. 여기서 기도란 단순히 영적인 것이 아니라 육적인 토대 위에 놓인 것이다. 기도를 하면 영혼이 가벼워지는 것처럼 달리기를 하면 몸과 마음이 무거워지는 것을 방지할 수 있다. 그런 다음 기도라는 주춧돌 위에 네 개의 기둥을 세우고 싶다. '기쁘고 성실하게, 겸손하고 지혜롭게.' 이는 내가 기도하는 모든 것을 세우는 방식이다. 그렇게 실천하는 삶을 살면 지붕은 착한 목자를 따르는 신자들이 직접 올릴 것이고 그 그늘에서 우리는 함께 쉬게 될 것이다. "주님은 나의 목자, 나는 아쉬울 것 없어라. 푸른 풀밭에 나를 쉬게 하시고 잔잔한 물가로 나를 이끄시어 내 영혼에 생기를 돋우어 주시고 바른길로 나를 끌어 주시니 당신의 이름 때문이어라"(시편 23,1-3).

    월요일의 또 다른 이름은 퀘렌시아다. 류시화 작가가 쓴 『새는 날아가면서 뒤돌아보지 않는다』를 보면 투우장 한쪽에는 사람들에게는 보이지 않는 소가 안전하다고 느끼는 장소가 있다고 한다. 투우사와 싸우다가 지친 소는 그곳에서 숨을 고르며 힘을 모으고 다시 싸우러 나간다. 그곳을 스페인어로 퀘렌시아Querencia라고 부르는데 피난처, 안식처라는 뜻이다. 월요일 달리기는 나에게 퀘렌시아다. 힘들고 지칠 때 기운을 얻고 본연의 자기 자신에 가까워지는 시간이다. 아무리 힘들어도 나의 퀘렌시아에 오면 안도의 숨을 내쉴 수 있다. 월요일 달리기는 호흡을 고르며 부정적 감정들을 있는 그대로 바라보며 나의 위치를 확인하고 다시 힘을 얻는 퀘렌시아다. 내가 나 자신이 될 수 있는 곳에서 다시 생기를 얻는 순간, 나는 퀘렌시아에 있다.

이렇게 퀘렌시아에서 다시 힘을 얻는 월요일 달리기는 나에게 '렛 잇 비'Let it be를 되새기게 한다. 주일 하루 열심히 내 몫을 했으면 월요일은 모든 것을 하느님의 뜻에 맡기는 시간이다. 가브리엘 대천사의 방문을 받고 성령의 힘으로 예수를 잉태하리라는 소식을 접한 성모님처럼, 때론 이해할 수 없는 일이 나에게 생길 때도 있고 감당하기 어려운 일이 닥칠 때도 있지만 달리기를 하는 월요일은 "저는 주님의 종입니다. 당신 말씀대로 저에게 이루어지기 바랍니다"(루카 1,38 참조) 하고 기도할 수 있게 된다.

동시에 월요일은 그동안 나의 시선으로 바라보고 판단하고 행동했던 것에서 벗어나 하느님께서 원하시는 방향을 볼 수 있도록 먼저 나의 몸과 마음을 내려놓게 만든다. 그래서 진정한 기도란 내가 원하는 일을 하느님께서 그대로 이루어 주시는 것이 아니라 하느님께서 원하시는 일이 나를 통해서 이루어지는 것임을 배우는 시간이 월요일이다. 성모님의 '렛 잇 비'처럼, 모든 것을 마음에 곰곰이 되새기는 가운데 맞이하는 월요일은 나를 내려놓는 시간, 나의 시선을 바꾸는 시간, 돌아가신 원장신부님 톰의 거룩한 시간이다.

살아있기에 아름다운 사람 1 **아눈시앗따 수녀님**

지난 16년 동안 '살아있는 사람' 1,146명이 마라톤을 통해 자신의 몸으로 하느님의 영광을 드높이고 이웃을 위해 땀을 흘렸습니다. 다른 사람을 위해 살아있기에 아름다운 사람의 이야기를 한 번 들어 보겠습니다.

2014년 주교님 비서로 계셨던 김성래 하상바오로 신부님께서 교구청 수녀님들을 마라톤에 초대했다. 당시 사목국에 근무하시던 수녀님께서 그 소식을 샬트르 바오로 수녀원에 전하며 같이 뛰어 보자고 하셔서 수녀님 다섯 분과 '살아있는 사람'과의 인연이 시작되었다.

초보자들이라 신부님의 도움을 받아 연습을 했고 처음으로 경주 국제 동아 마라톤 대회에 출전했다. 전국에서 온 수많은 마라토너들의 건강한 기운을 받으며 숨 가쁘게 뛴 10킬로미터, 그 성취감과 감동이란 말로 표현하기가 어려웠다. 뛰는 중간중간 만난 노란색 '살아있는 사람'들과 스쳐 가며 손을 들어 격려해 줄 때 큰 힘을 얻었고 하나라는 느낌은 기쁨으로 전해졌다. 그리고 무엇보다도 가난한 어린이들을 도와줄 수 있다는 것이 두 배의 기쁨이었다.

뛴다는 것은 쉬운 일이 아니다. 인내와 용기가 필요하다. 그래서 마라톤을 하는 모든 분이 다 멋져 보였다. 첫 마라톤의 감동과 기쁨, 이 좋은 기운을 더 많은 사람이 체험할 수 있으면 좋겠다는 생각

2015년 제주 국제 마라톤 대회에서 하프 마라톤을 완주
하는 아눈시앗따 수녀님

이 들었다. 그래서 매년 사람들에게 홍보하고 초대하여 새로운 멤버
들과 함께 마라톤을 하고 있다. 어느덧 올해로 5주년을 맞았다.

2015년 제주 국제 마라톤 대회에서 처음으로 하프 코스에 도전
했다. 하프 코스를 신청해 놓고 걱정이 되었다. 그 걱정은 나를 신학
교 운동장으로, 신천대로변 산책로로 걷거나 뛰게 했다. 그 시간이

좋았다. 아름다운 제주 바닷가를 달리는 마라톤 코스가 낭만적이겠다고 생각했다.

그러나 현실은 달랐다. 처음 몇 킬로는 헐떡이는 숨과 싸워야 했고, 반환점을 돌면서부터는 함께 뛰던 사람들이 하나둘 멀어져 가 결국 혼자 뛰고 있었다. 제주의 그 아름다운 바다는 단 한 번도 눈에 들어온 적이 없고, 태양은 왜 그렇게 따갑게 나를 괴롭히는지…. 숨은 평정을 찾았지만 다리는 점점 무거워졌다. 그 무거운 다리가 뛰는 것인지 걷는 것인지 구분이 안 되었다. 마치 끝날 것 같지 않은 시간 속을 가고 있는 듯했다. 마라톤이 왜 자신과의 싸움인지 느끼는 순간이었다. '적어도 끝까지 걷지는 않았다'는 하루키 작가의 미래의 묘지명처럼 나의 목표도 걷는 것보다 느리게 뛰어도 걷지 않는 것이었다. 힘겨운 시간을 인내롭게 달렸다. 그 더딘 한 걸음 한 걸음이 나를 결승선으로 데려다주었다. 그 성취감과 기쁨이란 무엇과도 바꿀 수 없었다. 나에게는 큰 선물이었다. 그 당시에는 잘 몰랐지만 두고두고 나에게 큰 힘이 되었다.

5년 동안 달리면서 여러 에피소드가 있었다. 2014년 첫 경주 동아 마라톤 대회에서 만난 나의 첫 페이스메이커에게 감사드린다. 처음 무엇을 시작한다는 것은 사람을 설레게도 하고 긴장되게도 한다. 그날도 그랬다. 처음 출발은 많은 사람 가운데 밀려 무난히 달렸는데 3킬로미터쯤 되니 지쳐 갔다. 그즈음인 것 같다. 언제부터인지는 몰라도 누가 옆에서 같이 뛰고 있었다. 뛰면서 인사도 나누고 이야기를 들어 보니 한동안 병 치료로 좋아하던 마라톤을 못하다가 용기를 내어 다시 짧은 거리부터 시작하게 되었다고 했다. 그분은 뛰면서 중간중간 물 마시는 것, 물 스펀지 사용하는 방법, 내리막과 오르막에서 페이스 조절하는 방법들을 알려 주셨다. 결승선이 저 멀리 보이는 곳에서 "저는 먼저 갑니다. 끝까지 파이팅하세요!" 하고 달려갔다. 앞을 보고 뛰고 있어서 얼굴도 자세히 보지 못했지만 길 위에서 만난 그분의 용기 있는 삶의 도전들이 아름답게 다가왔다. 또 한 사람의 '살아있는 사람'을 만난 것 같아 오래도록 긴 여운을 남겼다.

2015년 제주 마라톤 대회에서 함께 뛰었던 큰집 조카를 2016년 춘천 마라톤 대회에 다시 초대했다. 대학생인 조카 엘리야는 의료사고로 중학교 때부터 앞을 못 본다. 내가 알고 있는 조카 엘리야는 본인의 시련과 아픔을 통해 좌절하기보다는 긍정적인 쪽으로 길을 나선 밝고 건강하게 살아가는 아이다. 그는 벌써 '살아있는 사람'이다. 1년 안 본 사이 살이 많이 쪄 있었다. 연습량이 너무 적었다고 이야기를 해서 제대로 뛸 수 있을까 의문이 들었지만 본인이 선택했으니 자유에 맡겼다. 춘천 마라톤을 엘리야와 함께 뛰었다. 처음에는 함께 뛰었고 엘리야가 지치면서는 손을 잡고 앞서 뛰고 있었다. 얼른 따라오길 바랐지만 엘리야는 진짜 숨이 목에까지 차서 몇 번이고 서서 숨을 고르고 또 고르지 않으면 안 되었다. 겨우 결승선에 들어왔다. 조카도 힘들었지만 나도 힘이 배로 들었다. 어느 지점부터 조카 스스로의 의지로 뛰었다기보다 나의 의지로 먼 길을 끌고 온 것 같아서 힘들고 기쁘지가 않았다. 나의 욕심이 눈높이를 맞추어 주지 못한 것 같다는 생각이 들었다. 좀 더 여유를 가지고 뛰었으면 좋았을 것을…. 아쉬웠다. 춘천 마라톤 대회는 나를 깊이 성찰하게 했다.

세상은 넓고도 좁다. 2019년 청도 마라톤 대회에서 오래전 인연을 만났다. 그분은 1997년 첫 소임지인 김해성당에서 처음으로 교리를 가르치고 세례를 준비시켰던 스테파니아 자매님이었다. 23년 만에 '살아있는 사람' 멤버로 만난 것이다. 자매님과 함께 온 가족들은 기뻐서 껑충껑충 뛰었다. 참 신기했다. 나이도 있으신데 삶을 밝고 건강하게 살아가고 있는 또 한 사람의 '살아있는 사람'을 만난 것 같아서 기쁘고 감사했다.

수도자로 마라톤을 뛴다는 것은 이런 의미가 있지 않을까 생각한다. 2014년 처음 뛴 경주 동아 마라톤 대회 날은 '전교주일'이었다. 처음이고 더군다나 수도복을 입고 뛴다는 것이 어색했지만 "우~와~, 수녀님들도 뛴다", "화이팅하세요! 멋져요!" 거리 응원을 나온 학생들의 환호 소리에 어깨가 으쓱해져서 더 힘을 내어 뛴 기억이 난다. 그날 함께 뛴 다섯 수녀들은 경주 시민들과 전국에서 온 마라토너들에게 달리기라는 공통의 언어로 하느님을 긍정적으로 전한 멋진 '전교주일'이 되었다고 생각했다.

그날 이후 나는 수도복을 입고 마라톤을 하면 개인이 아닌 가톨릭 수도자로 뛰는 것이고 강요하지 않는 살아있음으로 하느님을 전할 수 있겠다는 마음이 들었다. 그때부터 마음속에 지향을 가졌다. 뛰는 것은 노력과 인내가 필요하다. 그 노력들은 몸의 지구력과 인내심과 건강을 키워 주고, 그 에너지들은 수도생활에서 더욱 '살아있는 사람'으로 살아가고픈 활력을 더해 준다. 정적인 생활을 하는 수도자인 나에게 육적으로 몸을 풀어 주면서 영적인 몸도 함께 풀어 주는 체험을 하게 한다. 그래서 달리기가 좋은가 보다.

　사람들에게는 수도생활이 정적이라 수도자는 뛰는 것을 잘 못할 거라는 고정 관념이 있는 듯하다. 그런 이미지를 지닌 내가 함께 뛰자고 권유하면, '수녀님도 뛰는데 할 수 있겠다'는 마음이 든다는 사실을 알게 되었다. 수도자가 참 유리하다. 나는 '살아있는 사람'으로 마라톤을 하면서 사람들에게 한 번도 도전해 보지 않은 새로운 몸의 언어를 통해 하느님 안에 하나가 되는 체험을 할 수 있는 기회를 나눌 수 있어 기쁘고 참 좋다.

8년 만의 귀국:
그리고, 볼리비아

무력이 옳다면 사랑은 설 자리가 없소. 그런 세상에서 나는 살아갈 힘이 없소. _영화「미션」중에서

2011년 8월 말 귀국한 다음 날부터 나는 대구대교구 주교좌 계산성당 제1보좌 신부로 일을 시작했다. 대구에서 가장 오래된 계산성당은 주일 하루만 해도 미사가 여덟 대가 있었다. 미사를 봉헌하지 않을 때에는 성체 분배, 레지오 강복이 있었고, 젊은이들 성경 공부와 모임도 이끌어야 했다. 이런 상황에서 주일 하루를 빠지고 마라톤 대회에 참가한다는 것은 상상할 수도 없었다. 마라톤 대회라는 목표가 없는 데다 몸과 마음이 늘 바빴기 때문에 달리기에 차츰 소홀해졌다. 바쁘고 피곤

해서 늘 쉬고 싶었다. "편안해지고자 하는 욕망은 슬며시 집에 손님으로 들어와 주인이 되고 나중에 지배자가 된다"라는 칼릴 지브란Khalil Gibran(1883~1931)의 말이 나의 현실이 되었다.

그렇게 1년이 지나 2012년 8월에 나는 조환길 타대오 대주교님의 비서 신부로 발령을 받았다. 그것은 대주교님의 허락을 얻는다면 마라톤 대회에 출전할 수 있음을 뜻했다. 그래서 그해 10월에 열리는 경주 국제 마라톤에 참가하게 되었다. '살아있는 사람 8'은 하느님의 도우심으로 가능하게 되었다. 보통 2년 임기로 바뀌는 보좌신부 인사의 규칙대로였다면 2012년은 '살아있는 사람'이 달릴 수 없는 해였다. 하지만 갑자기 1년 만에 이동을 명 받게 되자 마치 하느님께서 '올해도 어김없이 달려라' 하고 내게 말씀하시는 것 같았다. 그래서 조용히 경주 국제 마라톤 대회 등록을 하고 혼자 뛰려고 준비했다. 그런데 의리 있는 계산성당 청년 몇 명이 같이 달리겠다고 나타났다. 비록 10킬로미터 동행 세 명이었지만 그것만으로도 충분했다.

한국에서의 첫 마라톤은 마라톤이 늘 그렇듯이 잊지 못할 추억을 남겼다. 나의 마라톤 최고(?) 기록을 세운 것이다. 3시간 30분 7초. 한국에서 첫 마라톤이었지만 교구청으로 간 뒤에 두 달밖에 준비할 시간이 없었다. 마음만으로 달릴 수 없는 마라톤을 몸으로 체험하며 '적어도 끝까지 걷지는 않겠다'라고 미리 다짐하지 않았더라면 어떻게 되었을지 나도 장담할 수가 없었다. 그저 완주했음에 만족할 수밖에 없었다. 그렇지만 한국에서 모든 것을 새롭게 시작하기에 좋은 출발이었다. 더 떨어질 수 없는 바닥을 쳤기 때문이다.

1986년으로 한번 돌아가 보자. 대구 아세아 극장에서 한 영화가 개봉했다. 마침 그해에 천주교 신자가 된 나는 성당에서 받은 티켓으로 그 영화를 보았다. 중학교 1학년이 다 이해하기 어려운 내용이었지만 강렬한 이미지와 아름다운 음악, 선교 사제의 모습이 감동적이었다. 롤랑 조페 감독의 영화 「미션」과의 첫 만남이었다.

그로부터 20년이 지난 2006년 여름 뉴욕 맨해튼에서 영화 「미션」을 다시 만났다. 예수회 신부 대니얼 베리건Daniel Berrigan(1921~2016)은 베트남전에 반대해 1968년 메릴랜드 징병 사무소에 침입해 징집 대상자 명부 수백 장을 불살라 3년 동안 징역을 살았다. 그후 반핵평화운동을 계속하며 맨해튼에 머물고 있었는데, 그를 도로시 데이Dorothy Day(1897~1980)가 설립한 '성 요셉의 집'에서 만났다. 그때 나는 한 달간 맨해튼에 머물며 도로시 데이가 시작한 '가톨릭일꾼운동'에 대해 체험하고 있던 중이었다. 대니얼 신부는 롤랑 조페 감독이 영화 「미션」을 제작할 때 자문 역할을 하며 제레미 아이언스와 로버트 드 니로에게 예수회 사제와 수사 역할에 대한 조언을 하다가, 감독의 부탁으로

왼쪽 대니얼 베리건 신부님과 함께 오른쪽 과라니족 소년 복사
아래 예수회 선교사들이 세운 300년 역사의 원죄 없이 잉태되신 성모 대성당

영화에 예수회 수사로 직접 출연까지 했다. 미국 현대사의 산 증인으로 영화에도 출연했던 그와의 만남은 내 안에 간직하고 있던 「미션」에 대한 기억과 감동을 다시 불러일으켰다.

시간이 흘러 2008년 여름, 나는 클리브랜드에서 일하고 있던 치과의사 부부와 딸, 치대 지망생 젊은이를 데리고 볼리비아로 향했다. 대구대교구 사제들이 원주민 선교 활동을 하고 있는 시골의 작은 인디오 공동체를 방문하여, 가난해서 병원을 방문할 수 없는 이들의 썩은 치아를 매일 수백 개씩 뽑았다. 그리고 준비해 간 칫솔과 치약을 나눠 주고 사용법을 알려 주었다.

그들은 영화 「미션」에 나왔던 과라니족이고, 그곳에 있는 성당은 예수회 선교사들이 세운 것이다. 그중 300년 역사의 '원죄 없이 잉태되신 성모'(concepción) 대성당에서는 유럽에서 잊힌 17세기 바로크 음악이 원주민들의 손을 통해 울려 퍼지고 있었다. 2년마다 여름이 되면 아마존 숲속에서 '국제 바로크 음악제'가 열린다. 음악을 통해 만난 인디오와 가톨릭, 그들의 역사와 숨결이 남아 있는 볼리비아는 나에게 운명처럼 다가왔다. 「미션」에서 보았던 예수회 사제들의 흔적을 직접 보며 가난한 이를 위해 자신을 바치는 삶이란 무엇이며, 나를 위한 하느님의 뜻이 무엇인지 묻지 않을 수 없었다.

그 후 볼리비아는 내 사제 정체성의 거울과 같은 곳이 되었다. 젊은 동료 사제들이 투신하여 선교를 하는 그곳에서 영화

「미션」에서처럼 이구아수폭포를 거슬러 오르지는 못하지만 그들에게 필요한 도움이라도 주고 싶었다. 볼리비아에서 미사 때 만난 과라니족 소년의 얼굴이 떠올랐다. 그래서 한국에서 '살아있는 사람'으로 모은 성금을 볼리비아에 있는 사제들에게 보내 그곳 어린이들을 위해 성탄절에 써 달라고 부탁했다. 그리고 새로 선교 사제가 파견되기 시작한 내전 중인 중앙아프리카공화국에도 성금을 보냈다.

그렇다면 마다가스카르와의 인연은 어떻게 되었나 궁금할 것이다. 사라를 돕기 위해 매년 '살아있는 사람'으로 성금을 모아 사랑의 선교회 엠마누엘 수사님에게 보냈는데, 2011년 내가 한국으로 귀국할 즈음 수사님 역시 인도로 발령을 받아 마다가스카르를 떠나셨다. 새로 공동체를 맡은 수사님과는 만난 적이 없었고 나도 한국으로 귀국하면서 그분과의 연락도 자연스럽게 끊어졌다. 그 대신 볼리비아와 중앙아프리카공화국의 어린이들을 도우면서 마다가스카르의 사라는 다른 나라에도 많이 있음을 생각했다.

바쁜 일상:
젊은이들과 함께

정신을 지탱하고 마음을 활기 넘치도록 유지하게 하는 것은 운동밖에 없다.

_키케로

2013년 '살아있는 사람 9'는 다시 경주 국제 마라톤을 뛰기 위해 젊은이 27명이 모였다. 대회 전날 사수동에 있는 툿찡 포교 베네딕도 수녀원 뒷동산에 올랐다. 원장수녀님의 배려로 가든 파티가 열린 것이다. '살아있는 사람'만이 아니라 후원자들까지 함께했는데 수녀원 뒷동산에 이동식 탁자를 놓고 하얀 보를 덮으니 결혼식 피로연 같았다. 내가 직접 만든 수제 맥주 LP9(Living Person 9)을 마시며 서로 인사를 나누었다. 그동안 각자의 자리에서 마라톤 준비를 하다가 처음으로 모이는

'살아있는 사람 9', 2013년

자리였다. 그리고 '왜 살아있는 사람으로 뛰게 되었는지, 목표가 무엇인지' 서로의 이야기를 들었다.

후원금 봉헌과 감사미사는 수녀원 경당에서 바쳤다. '기억은 살아있는 사람을 만듭니다'라는 주제로 강론을 했다. 마다가스카르에서 만난 사라의 기억, 그 기억이 옅어지다가 사라져 버리지 않을까 두려워 달렸던 기억, 그래서 숨과 땀으로 선명해진 기억이 지금의 나를 만들었음을 고백했다. "예수 그리스도를 기억하십시오"(2티모 2,8). 그날 제2독서의 말씀처럼, 예수님 친히 우리에게 "나를 기억하여 이를 행하라" 하셨듯이, 우리도 기억을 통해 신앙인이 되고 살아있는 사람이 되었던 것이다. 미리 동영상을 만들어 사라의 이야기를 들려주면서 '1킬로미터 1만 원'의 후원을 제안해서 325만원의 성금을 모았다.

이제 남은 것은 42.195킬로미터였다. 나름 지난 1년 동안 훈련을 했고 날씨도 좋아 출발선에 섰을 때 마음은 이미 결승선을 통과하고 있었다. 하지만 나이 탓인지, 연습 부족인지 1년의 훈련이 무의미하게도 3시간 27분 40초의 기록으로 마쳤다. 작년에 비해 겨우 3분을 줄인 것이 아쉬웠지만 27명 모두 무사히 레이스를 마쳐서 기뻤다. 좀 더 정확히 말하면 풀코스에 도전한 청년들 중 하나는 기권, 하나는 응급차행, 다른 하나는 걸어오고 있는 것을 데리러 가 마지막 2킬로미터를 함께 뛰어야 했다. 그리고 단체로 경주시에서 운영하는 저렴한 사우나에 갔다. 다

같이 지친 몸을 뜨거운 물에 담갔고 서로의 등을 밀어 주었다. 대구로 돌아와 삼겹살 파티로 하루를 마감했으니 그보다 더 좋을 순 없었다.

젊은이들과 마라톤을 뛰면서 그들을 위한 체계적인 훈련법이 필요하다는 것을 알았다. '마라톤을 뛰어야겠다' 하고 마음먹는 것과 그것을 현실에서 이루어 내는 것은 다름을 가르치고, 마라톤을 뛸 수 있는 몸을 준비시켜야 했다. 가장 먼저 내가 터득한 발착지 자세와 호흡법에 대해 가르쳤다. 나는 처음 몇 년은 달리기를 무리해서 하면 허리 통증이 있었다. 그러던 가운데 우연한 기회에 획기적인 전환의 계기를 발견했다. 그것은 달리기를 할 때 발착지를 뒤꿈치부터 하던 것에서 앞꿈치로 바꾼 것이다. 발뒤꿈치로 착지를 하면 지면을 내려찍을 때 충격이 고스란히 무릎과 척추로 전해지지만 앞꿈치로 착지를 하면 발바닥 전체가 충격을 흡수하기 때문에 충격이 현저히 줄어들어 가볍게 뛸 수 있다. 수만 번의 동작을 반복하는 마라톤에서 충격을 줄이고 가볍게 뛸 수 있다면 더 오래 더 빨리 뛸 수 있다. 유명한 케냐의 마라토너 엘리우드 킵초케 선수 역시 기존 마라토너들과 다르게 발 앞꿈치 주법으로 2018년에 마라톤 세계신기록을 세웠다.

    또 하나의 기본으로 중요한 것이 호흡법이다. 나는 달릴 때 코로 두 번 숨을 들이쉬고 입으로 한 번 길게 내쉰다. 숨을 들이

쉴 때 두 걸음을 뛰고 숨을 길게 내쉴 때 두 걸음을 뛴다. 따라서 네 박자에 맞춰 두 번의 들이쉼과 한 번의 긴 내쉼이 리듬을 갖는다. 여기에 발 앞꿈치 착지까지 더하면 달리는 것은 마치 나비가 앞으로 나아가듯 조용하고 부드럽게, 가볍고 리듬감 있게 이루어진다. 이 방법으로 달리면 먼 거리를 뛰어도 몸에 피로가 덜 쌓인다. 실제로 마라톤 선수와 같이 달려 보면 참 조용히 뛴다는 것을 깨닫는데 이것은 호흡과 발착지가 부드럽고 리듬감 있게 이루어지기 때문이다. 한번은 60대 후반의 수녀님께 발착지법과 호흡법을 가르쳐 드렸는데 몇 달 안에 10킬로미터를 가뿐하게 완주하실 수 있었다. 호흡과 자세를 갖추었다면 다음에는 하프 코스와 풀코스 마라톤에 도전하기 위한 훈련 프로그램을 알아보자.

보통 10킬로미터는 젊다면 누구나 뛸 수 있지만 하프 마라톤에 도전하는 젊은이들에게는 내가 사용했던 6주 훈련 프로그램을 가르쳤다.

주간	월요일	화요일	수요일	목요일	금요일	토요일	일요일
1	휴식	6킬로	조깅	6킬로	휴식	크로스 트레이닝	70분 달리기
2		7킬로		7킬로			75분 달리기
3		8킬로		8킬로			80분 달리기
4		9킬로		9킬로			85분 달리기
5		10킬로		10킬로			90분 달리기
6		7킬로		5킬로	조깅	휴식	하프 마라톤

평소에 운동을 즐겨 하는 사람이거나 쉬지 않고 30분을 달릴 수 있는 사람이라면 누구나 6주 훈련으로 하프 코스를 완주할 수 있다고 생각한다. 기본적인 훈련법은 평일에는 가볍게 달리고 주말에 장거리를 뛰는 것이다. 여기서 크로스 트레이닝이란 달리기 외에 자전거 타기, 수영, 등산 등 다른 운동을 하는 것을 말한다. 핵심은 시간이 지날수록 달리는 거리와 시간을 점진적으로 늘려 가는 것이다. 평소에는 각자 훈련을 하다가 일주일에 한 번 젊은이들과 만나 신천 강변을 함께 달렸다. 신천은 강을 거슬러 가창 쪽으로 달려도 좋고 반대로 금호강 쪽으로 달리기에도 좋다. 달린 후에는 맥주 한잔하는 것도 잊지 않았다.

도전에 맞서는 것은 젊음의 특권이다. 몇몇 젊은이가 풀코스 마라톤에 도전했다. 16주 훈련 프로그램을 가르쳐 주고 함께 훈련했다. 풀코스 마라톤 훈련은 쉽지 않다. 4개월 이상을 매일 달리기에 초점을 맞춰 살고자 하는 의지가 있어야 한다. 거기다가 먹고 마시는 식생활에 주의를 기울여야 하고 탈수 예방을 위해 어느 시점에서는 술까지 끊어야 하니 보통 사람들이 보기에 열심히 마라톤을 준비하는 사람은 '마라톤에 중독된 것'처럼 보이는 것이 어쩌면 당연할지 모른다. ('중독되었다'라는 표현은 '미쳤다', '제정신이 아니다' 등에 비하면 부드러운 표현이다.)

무엇보다 중요한 것은 주말에 있는 장거리 달리기를 충실히 해내는 것이다. 누구나 벽에 부딪히게 되는 32킬로미터를 적

춘천 마라톤, 2016년

어도 두 번 이상 뛰어서 몸이 장거리에 익숙하도록 만들어야 한다. 물론 32킬로미터 장거리 훈련을 한다고 실제 대회에서 남은 10킬로미터를 뛸 수 있다는 것을 보장하는 것은 아니지만 나머지는 정신력에 맡기는 것이 최선의 훈련이다.

그런데 32킬로미터 장거리 달리기 연습은 쉽지 않다. 그래서 나는 장거리 연습 때에는 꼭 '비상금 만 원'을 챙겨서 뛴다. 종종 16킬로미터를 뛰어갔다가 돌아오지 못하는 경우가 있기 때문이다. 몸이 제 컨디션이 아니거나 여러 가지 사정 때문에 어쩔 수 없이 뛰다가 걸을 수밖에 없는 상황이 생길 수 있는데, 그때 땀이 식으면서 추위와 배고픔까지 닥치면 '도대체 내가 뭘 하고 있는 거지?' 하는 비관적인 생각이 들지 않을 수 없다. 그런 일을 몇 번 겪고 나니 그 이후부터는 그런 때가 오면 비상금으로 바로 택시를 탄다. 장거리 달리기에 실패한 것보다 집중력과 용기를 잃는 것이 더 위험하다.

    인생에서도 '비상금'이 필요하다는 생각이 든다. 내 힘으로 안 될 때, 앞이 보이지 않을 때, 위기의 순간에 바로 꺼내 쓸 수 있는 것이 있다면 얼마나 좋을까! 은행 계좌의 잔고만이 아니라 마음을 기댈 수 있는 누군가가 있다면 좋겠다. 하지만 가장 가까운 사람도 때론 멀게 느껴질 때가 있는데 그럴 때 나는 일기장을 편다. 마음을 글로 옮기다 보면 차분해지고 정리가 된다. 그리고 몇 년 전 같은 날들의 일기를 읽다 보면, '결국에는 모든 것이 다 잘될 것이다'라는 진리를 발견하고 하느님의 섭리를 되새긴다. 신앙인에게 가장 큰 비상금은 하느님이다.

피 끓는 마음만 가지고 풀코스에 임했던 젊은이들은 색다른 경험을 많이 했다. 몇 시간을 기다려도 돌아오지 않아 자동차를 타고 찾으러 나가 절뚝거리며 걷고 있는 친구를 태워 온 경우는 웽웽 소리를 내는 응급차에 실려서 온 친구보다 나았다. 물론 몇 시간을 달려서라도 결승선을 통과한 이들도 있으니, 일생의 버킷 리스트 중 하나를 달성하며 잊지 못할 기억을 남긴 것이다. 젊은이들에게 소개한 나의 16주 훈련 프로그램은 다음과 같다.

주간	월요일	화요일	수요일	목요일	금요일	토요일	일요일
1	휴식	8K 페이스	5킬로 조깅	8K 템포런	휴식	1시간 조깅	14킬로
2	휴식	8K 페이스	5킬로 조깅	8K 템포런	휴식	1시간 조깅	16킬로
3	휴식	10K 페이스	6킬로 조깅	10K 템포런	휴식	1시간 조깅	18킬로
4	휴식	10K 페이스	6킬로 조깅	10K 템포런	휴식	1시간 조깅	20킬로
5	휴식	10K 페이스	6킬로 조깅	10K 템포런	휴식	5K 페이스	14킬로
6	휴식	10K 페이스	7킬로 조깅	10K 템포런	휴식	1시간 조깅	22킬로
7	휴식	10K 페이스	7킬로 조깅	10K 템포런	휴식	1시간 조깅	24킬로
8	휴식	10K 페이스	7킬로 조깅	10K 템포런	휴식	1시간 조깅	26킬로
9	휴식	10K 페이스	7킬로 조깅	10K 템포런	휴식	1시간 조깅	28킬로
10	휴식	10K 페이스	7킬로 조깅	10K 템포런	휴식	1시간 조깅	30킬로
11	휴식	10K 페이스	8킬로 조깅	10K 템포런	휴식	10K 페이스	14킬로
12	휴식	10K 페이스	8킬로 조깅	10K 템포런	휴식	1시간 조깅	32킬로
13	휴식	10K 페이스	8킬로 조깅	10K 템포런	휴식	1시간 조깅	18킬로
14	휴식	10K 페이스	8킬로 조깅	10K 템포런	휴식	1시간 조깅	32킬로
15	휴식	8K 페이스	5킬로 조깅	8K 템포런	휴식	30분 조깅	14킬로
16	휴식	8킬로	휴식	5킬로	휴식	20분 조깅	대회일

　'페이스' 달리기는 자신이 목표한 마라톤 기록에 맞춘 속도로 달리는 것이다. 쉬운 예로 풀코스를 세 시간에 달리고자 한다면 1킬로미터를 4분 16초 페이스로 달려야 한다. '템포런'은 여러 가지 방식이 있지만 기본적으로 천천히 시작해서 중간에 목표한 페이스보다 조금 빠르게 달리기를 유지하다가 천천히 마치는 달리기다. '조깅'은 편안한 달리기며, '레이스'는 실제 대회처럼 달리는 것이다. 일요일에 실시하는 장거리 달리기는 천천히 편안하게 달리면서 거리를 늘려 가는 것이 핵심이다.

마라톤을 시작하고 준비하는 데에는 정도正道가 없다. 자신에게 가장 적합한 훈련법과 자세, 호흡을 찾고 익숙해지는 것이 중요하다. 초보자는 자신의 상황에 맞게 훈련해야 한다. 먼저 체력을 키우고 시간과 노력을 투자해 10킬로미터 완주 그리고 하프 코스 완주, 그다음에야 풀코스에 도전할 수 있다. 완주가 목표라면 무리하게 속도에 신경을 써서 훈련하기보다 21킬로미터를 뛸 수 있는 몸을 만드는 것이 중요하다. 때론 준비 없이 너무 무모하게 풀코스 마라톤에 도전하는 사람이 있는데 그들은 고통스러운 기억만을 가지고 다시 돌아오지 않는다. 고통스러운 주자는 곧 달리기를 그만둔다. 그러나 자신의 체력에 맞는 마라톤 준비로 적당한 도전을 받아들이면서 너무 고통스럽지 않게 목표를 완수할 수 있다면 다시 뛰고 싶어진다. 그리고 제대로 마라톤 완주를 체험한 후에 들어서는 새로운 세계에서 마음대로 안 되는 것이 있는데 바로 마라톤 레이스다. 예전에 뛰었던 기억은 모두 잊고 언제나 처음부터 다시 시작해야 하는 것, 모든 것을 쏟아부어야 하는 것, 이것이 마라톤이라는 스포츠의 매력이다.

살아있기에 아름다운 사람 2   지미 멘크하우스

> 살아있기에 아름다운 사람 두 번째 주인공으로 미국에서 신학을 가르치고 있는 지미의 이야기를 번역해서 싣습니다.

저는 지미 멘크하우스Dr. Jimmy Menkhaus입니다. 서른아홉 살이며 낭포성 섬유증(Cystic Fibrosis)이라는 희귀성 난치병을 앓고 있습니다. 신학 박사로 대학에서 가르치기도 했지만 지금은 고등학교에서 가르치고 있습니다. 제가 존 캐럴 대학에서 가르치고 있을 때, 어느 날 김성래 하상바오로 신부님께서 제게 '살아있는 사람'으로 함께 달리기를 하자고 권유했습니다. 그때부터 다른 사람들과 함께 달리기 시작했고, 어떤 때는 도저히 더 달릴 수 없다고 생각할 때에도 달릴 수 있는 용기를 얻곤 했습니다.

저의 첫 번째 마라톤은 '살아있는 사람'으로 클리브랜드 마라톤 대회 하프 코스를 뛴 것입니다. 그때 마크Mark Bartholet라는 친구가 제 옆에서 전 구간을 함께 달려 주었습니다. 저는 이것이 '살아있는 사람'으로 달리는 아름다움이라고 생각합니다. 즉, 결코 혼자 달리지 않는다는 것을 아는 것입니다. 다른 모든 일에서처럼, 공동체가 그 자리에서 응원하고 있습니다. 달리기도 마찬가지입니다. '살아있는 사람'이 되고자 하는 같은 목표를 가진 사람들 곁에서 들이마시고 내쉬는 모든 호흡이 같은 성령과 생명의 숨을 느끼게 합니다. 특별히 2011년 뛰었던 저의 두 번째 '살아있는 사람' 레이스를 기억합니다. 그때 우리는 가난한 어린이들을 위해 2만 달러 넘게 모금했으며 125명이 훨씬 넘는 '살아있는 사람'을 모았습니다. 마라톤 시합 전에 모두가 클리브랜드 주교좌성당 계단에 모여 기도드렸는데 저는 그 순간 존 캐럴 대학의 125주년을 기념하는 특별한 방식의 '살아있는 사람'의 힘을 느낄 수 있었습니다.

지난 7년 동안 저는 낭포성 섬유증을 알리고 환자들을 돕기 위해 마련된 디트로이트 '록 시에프 마라톤'[Rock CF(Cystic Fibrosis) Rivers Half Marathon]에 '살아있는 사람'들을 데리고 갔습니다. 적게는 열 명, 많게는 백 명이 넘었습니다. 하상바오로 신부님의 '살아있는 사람'처럼, 대회 전날 우리는 함께 기도하고 입고 달릴 셔츠를 나누고 물품을 받습니다. 우리는 하나의 공동체로서 모여 '살아있는 사람'이란 바로 공동체임을 보여 줍니다. 그리고 저는 낭포성 섬유증을 안고 살아가는 삶과 '살아있는 사람'의 중요성에 대해 짧은 묵상을 나눕니다. 마지막으로 우리는 난치병 환자들과 사랑하는 사람들을 위해 기도합니다.

'살아있는 사람'은 확실히 제가 더 오래 살 수 있도록 도와주었습니다. 처음 제가 달리기를 시작한 이유는 낭포성 섬유증으로 제 건강과 폐가 점점 나빠지고 있었기 때문입니다. 그렇게 몇 달을 달리고 나자 건강이 점차 좋아졌습니다. 제게 '살아있는 사람'은 해야 할 어

떤 일이 아니라 제 삶의 방식이 되었습니다. 하상바오로 신부님은 제게 2023년 12월에 있을 호놀룰루 마라톤 대회 이야기를 해 주었습니다. 그때는 '살아있는 사람'이 20주년을 맞이하는데 이를 기념해서 하와이에서 함께 뛰자고 말입니다. 웹 사이트에 들어가 보니 풀코스 외에도 10킬로미터가 있어 저 역시 참가할 예정입니다. 동서양의 '살아있는 사람'이 모여 함께 뛴다면 아주 멋진 시간이 될 것입니다. 마침 제 친구가 호놀룰루에 살고 있는데 가능하면 머물 곳도 해결할 수 있을 것 같습니다. 그때를 기다리며 오늘도 달리겠습니다.

"어떻게 매일 뛸 수 있어요?"

영웅은 자기가 할 수 있는 일을 한 사람이다. 다른 사람들은 그걸 하지 않는다. ─로맹 롤랑

"어떻게 매일 뛸 수 있어요?" 사람들이 자주 묻는 말이다. 결론부터 말하면 나는 매일 달리지 않는다. 이틀이나 사흘에 한 번 달린다. 매일 정해진 시간에 같은 코스를 달리는 사람을 알고는 있지만 나는 그렇게 하지 않는다. 쉬는 날이 있다. 몸이란 아이와 같아서 끊임없는 관심과 보살핌이 필요하며, 계속해서 밀어붙일 수 없다. 때론 응석도 받아 주고 달래고 어루만져 주어야 할 때도 있는데 그때 나는 쉰다. 그냥 쉴 때도 있지만 몸에 보너스를 주기도 한다. 사우나에 가서 뜨거운 물에

몸을 담그거나 평소와 달리 낮잠을 자기도 한다.

특히 겨울에는 달리기가 어렵다. 밖은 우중충한데 날씨는 춥고 매서운 바람까지 불면 달리러 나가는 것 자체가 도전이 된다. 일단 겨울 추위 대책은 '작은 것'이 포인트다. 두꺼운 옷보다 얇은 옷을 입는데 위에는 서너 겹, 아래에는 한두 겹으로 입는 것이 좋다. 장갑과 모자 역시 필수인데 달리다가 더우면 주머니에 넣을 수 있도록 가볍고 작은 것이 좋다. 충분히 스트레칭을 한 후에 달리기를 시작하면 몸이 천천히 따뜻해지고 손발의 끝까지 피가 도는 느낌이 좋다. 추울수록 신선한 공기를 깊숙이 들이마시면 머리도 맑아진다. 빙판길이나 미끄러운 도로를 뛸 때는 안전에 유의해야 하며, 가능하면 대낮에 달려서 교통사고를 피해야 한다. 꼭 어두운 시간에 뛰어야 한다면 눈에 잘 띄는 흰색 옷 혹은 야광 조끼를 입어야 한다.

습도가 높고 무더운 여름에도 뛰기가 쉽지 않다. 여름에는 신선한 아침이나 저녁 시간이 뛰기 좋다. 바람이 잘 통하는 옷을 입고 물을 자주 마셔야 한다. 달리기를 하다가 목이 마른 후에 물을 마시면 이미 늦다. 벌써 몸에서 탈수가 시작되었기 때문이다. 따라서 충분한 물을 30분 간격으로 마셔야 한다. 운동 시간도 1시간 정도로 유지하면서 강렬한 태양 아래에서 장시간 운동을 피해야 열사병을 막을 수 있다. 그래서 여름철에는 30분 빌드업build-up 혹은 가속주 훈련이 적합하다. 처음에는 조깅 페이스로 시작하여 마지막 5분 동안 페이스를 높여서 달리는 것이다. 운동하는 시간 자체보다 질에 중점을 두고 심폐 기능을 향상하고 자세를 제대로 잡아 주는 30분 가속주 훈련이 여름철에 어울린다.

봄과 가을은 뛰기에 가장 좋은 계절이다. 동시에 놀기도 좋은 계절이므로 달리기에도 재미를 더하는 것이 좋다. 나는 평지를 뛰는 것이 지루해지면 산길을 뛰는 트레일 러닝Trail running을 한다. 산에서는 평지에서 느끼지 못하는 스릴을 느낄 수 있다. '저 산을 올라가면 어떤 풍경일까?' '저 나무를 돌면 무엇이 있을까?' 땅도 울퉁불퉁해서 무엇을 밟을지 정신을 차려야 하기에 한시도 긴장을 늦출 수 없다. 때론 특별한 장소로 가서 달리기를 해도 좋다. 내가 좋아하는 곳은 경남 창녕에 있는 우포늪이다. 왼편에는 세계적인 습지를, 오른편에는 황금빛 가을 들녘을 두고 대대제방을 뛰다 보면 가을이 내 안에 깊게 다가옴을 느낄 수 있다.

눈보라가 치거나 미세먼지가 매우 나쁨인 경우에는 달리기보다는 등산을 하러 나선다. 완만한 산을 오르는 것도 자전거 타기나 수영 못지않은 크로스 트레이닝이다. 수영은 궂은 날씨에 실내에서 할 수 있는 최고의 크로스 트레이닝이다. 근육을 풀어 주고 폐활량뿐 아니라 지구력을 길러 주는 효과가 있으며 목욕과 사우나는 보너스다. 크로스 트레이닝 가운데 내가 제일 좋아하는 것은 자전거 타기다. 예전에 일반 대학교 2학년 1학기 말에 군 입대 영장을 받고는 그 길로 바로 친구 두 명과 함께 자전거를 타고 무작정 강릉 경포대를 향해 떠난 적이 있었다. 제대로 준비도 하지 않고 대구에서 출발해 안동, 봉화를 거쳐 소백산맥을 넘으려 했는데 산이 얼마나 높던지 봉화 옹천역에서 하룻밤을 지샜다. 우리를 불쌍히 여긴 역장님께서 다음 날 화물 기차에 태워 주셔서 안도했던 기억이 있다. 우여곡절 끝에 강릉 경포대 바다에 도착했을 때의 감격이란 당장 군대에 끌려가도 여한이 없을 정도였다.

신학교에 들어가서는 본당 청년 네 명과 함께 '새만금 갯벌을 살려 주세요!'라는 깃발을 달고 일주일 동안 대구에서 새만금까지 500킬로미터를 왕복한 적도 있었다. 이때는 한여름 뙤약볕 아래 자전거를 끌고 덕유산을 넘어가는데 죽을 고생을 했지만 새만금 갯벌의 생명들과 우리 후손들을 위해 길을 나선 뿌듯한 시간이었다. 문규현 신부님을 만나 부안성당에서 하루 묵었다. 모주를 한잔 걸치며 생명을 살리기 위해 헌신하는 노사제의 모습을 보며 진한 감동을 느꼈다. 이처럼 자전거 타기는 재미와 의미를 함께 가져다준다. 자전거 페달을 최고 속도로 밟으며 유지함으로써 근력과 지구력을 키우는 데도 도움이 된다. 달리기가 지루해지면 자전거를 타자.

달리기를 할 때 꼭 필요한 것들을 알아보자. 무엇보다 달리

새만금 갯벌을 살려 주세요, 2002년

기 전용 신발이 중요하다. 달리기를 제대로 하려면 신발에는 투자를 아끼지 않아야 한다. 미국에는 달리기 전용 신발 매장이 많지만 그렇지 않은 우리나라에서는 러닝화를 많이 파는 스포츠 매장을 찾아가서 자신이 어떤 달리기를 주로 하는지 직원과 상담을 하면 된다. 조깅을 하는 사람에게는 마라톤화가 필요 없고, 편안한 러닝을 원하는 사람에게 선수들이 신는 경량화는 과하다. 자신에게 맞는 신발을 고르기 위해서는 발이 좀 부은 오후에 가서 여러 켤레를 신어 보고 산다. 발끝에 1센티미터 정도의 여유가 있는 신발을 신발 끈으로 묶었을 때 발등과 발바닥에 딱 들어맞는 것이 좋다.

그다음으로 중요한 것이 운동복이다. 피부 쓸림이 없고 땀 배출이 잘되는 기능성 섬유로 된 옷이 좋다. 면 소재는 땀을 머금기 때문에 피해야 한다. 그리고 생각보다 중요한데 의외로 사람들이 관심을 적게 두는 것이 양말이다. 평소에 신는 양말 혹은 제대로 된 러닝용 양말이 아닌 것을 신고 마라톤을 뛰면 물집이 잡히거나 심하면 발톱이 빠지기도 한다. 마라톤 양말은 흔하지 않고 비싸지만 착용감이 좋고 미끄럼도 없고 땀을 흡수하고 건조가 빠르기에 꼭 필요하다. 모자는 비가 올 때뿐 아니라 햇볕이 강할 때에도 써야 한다. 땀이 얼굴에 흘러내리는 것을 막아 주기도 하지만 겨울철에는 체온을 유지하는 데에도 꼭 필요하다.

마지막으로 필요한 것이 손목시계다. 한때는 단순히 출발 지점부터 도착 지점까지의 시간을 측정하던 시계에서 발전하여 요즘은 스마트워치라는 새로운 경지에 이르렀다. 스마트워치는 GPS 기능이 탑재되어 있어 달리는 속도, 거리, 페이스뿐 아니라 고도, 심장박동 수까지 보여 준다. 여기에 음악까지 내장되어 있어 달리면서 블루투스로 좋아하는 음악을 들을 수 있는 시대가 왔다. 자신이 좋아하는 음악을 들으며 달리기를 하는 것은 꽤 괜찮은 휴식이다.

대한민국을 '미생 신드롬'에 빠뜨렸던 「미생」을 보면, 사범은 프로 기사를 준비하는 장그래에게 바둑만 잘 두라고 가르치지 않는다. 오히려 바둑보다 더 중요한 것은 '체력'이라고 말한다. "네가 이루고 싶은 게 있거든 체력을 먼저 길러라. 평생 해야 할 일이라고 생각되거든 체력을 먼저 길러라. 게으름, 나태, 권태, 짜증, 우울, 분노, 모두 체력이 버티지 못해서, 정신이 몸의 지배를 받아 나타나는 증상이야." 체력을 기르기 위해서는 일상 달리기만으로는 부족하다. 바둑 기사가 대회에 나가는 것처럼 달리기를 하는 사람은 마라톤 대회에 나가 봐야 자신의 체력과 수준이 어느 정도인지 알 수 있고, 더 나아가 달리기의 참맛을 느낄 수 있다. 혼자 달리면 깨닫지 못하는 것, 많은 사람과 함께 뛸 때만 느낄 수 있는 것, 자신의 몸의 한계와 시합이 가져다주는 긴장감, 거기다가 완주 메달까지 마라톤 대회만이 줄 수 있는 것이다. 게다가 대회 준비는 달리기에 대한 동기 부여와 목표가 되어 일상 달리기에서 지칠 때 그것을 극복하는 데 도움이 된다.

여기에서 현대인에게 익숙한 러닝머신에 대해 한마디 덧붙이고 싶다. 『걷기의 인문학』을 쓴 리베카 솔닛은 러닝머신(treadmill)을 뜻하는 '쳇바퀴'(treadmill)는 1818년 영국에서 개발된 죄수들을 위한 징벌 기구였다고 말한다. 쳇바퀴는 단조롭게 지속되는 징벌의 효과뿐 아니라 죄수의 건강에도 유익하며 제분기의 동력으로 사용되기도 했기에 완벽한 처벌이었다. 그것이 현대인에게 운동기구로 각광받는 러닝머신으로 발전했으며 지금도 사람들은 지루하고 반복적인 그 일을 아무 말 없이 하고 있다. '역사는 처음에는 비극이었다가 다음에는 촌극이 된다'라는 마르크스의 말처럼 되었다. 헬스장에서 하는 동작들은 한때 노동이었던 행위, 즉 노 젓기, 물 긷기, 물건 들기 등이 변형된 것으로, 노동에서 해방된 육체를 위한 여가와 운동이 되었다.

그 가운데 가장 이상한 운동기구가 러닝머신이다. 러닝머신은 걷거나 뛰는 일을 흉내 내며 실제로는 어떤 곳으로도 데려가지 않는다. 사람들은 마치 러닝머신에 결박되어 있는 듯 불확실한 어떤 곳으로도 이동하지 않지만 끊임없이 움직이며 거울에 비친 자신 혹은 TV만 바라보고 있다. 이처럼 러닝머신은 안락을 추구하는 사람을 위한 최적의 기계다. 사람을 세상으로부터 후퇴시키며, 그저 몸통 밑에 달린 두 다리를 번갈아 들어 올리고 내려놓는 움직임만 반복하게 만든다.

충격이었다. 바깥이 너무 추울 때는 종종 러닝머신을 이용하던 나는 리베카 솔닛의 글을 읽고 러닝머신 사용을 그만두었다. 난 그동안 추위에 대한 고통이 두려워 죄수처럼 달리기를 흉내만 내었던 것이다. 안락에 대한 욕망을 포기하고 바깥으로 나아가 자연 속에서 달릴 때에야 달리기의 참맛을 느낄 수 있음을 다시 깨달았다. 진정 살아있는 몸을 다시 만나기 위해서는 야외에서 달려야 한다.

'살아있는 사람' 10주년:
뿌리를 내리다

링에 오르기는 쉬워도 거기서 오래 버티는 건 쉽지 않다. ― 무라카미 하루키

    2014년은 '살아있는 사람'에게 특별한 해였다. '살아있는 사람'이 10주년을 맞이한 것이다. 그동안 '살아있는 사람'은 한국에서 뿌리를 내리고 자라나 젊은이들 외에도 신부님 네 명, 수녀님 일곱 명, 여러 가톨릭 단체에서 함께해 95명이 10월 경주 국제 마라톤에 참가하게 되었다. 나이도 (아버지가 미는 유모차에 앉아서 공식 출전하는) 세 살 어린이부터 60대 어른까지 다양해졌다.
    대회 전날 남산동에 있는 샬트르 성바오로 수녀원 중앙 정원에 '살아있는 사람'과 후원자들을 포함해 백여 명이 모였다.

샬트르 성바오로 수녀원 중앙 정원에서 야외 미사를 마치고.
'살아있는 사람 10', 2014년

가든 파티가 시작되었고 '살아있는 사람' 10주년을 기념해 내가 만든 수제맥주 LP10(Living Person 10)이 흥을 돋우었다. 특별히 제작한 노란 기념 셔츠와 수녀원의 가을 단풍이 눈부셨다. 스파게티로 저녁 식사를 하고, 수녀님들의 반주에 맞춰 야외 미사를 사제단의 공동 집전으로 봉헌했다. 나는 강론 때에 모두에게 신을 벗도록 했다. 잔디밭이어서 벗으라고 한 것이 아니라 모세

2014년 한국청년대회 때 프란치스코 교황님을 만나기 위해 맨발로 해미읍성을 걸어 들어가고 있는 청년들

가 하느님을 만났을 때 들었던 말씀 때문이었다. "네가 서 있는 곳은 거룩한 땅이니, 네 발에서 신을 벗어라"(탈출 3,5). 이 말씀은 그해 8월 '한국 청년 대회'를 맞춰 방한하셨던 프란치스코 교황님을 만나기 위해 걸어서 간 충남 서산 해미읍성 입구에 적혀 있던 말씀이었다. 말씀대로 젊은이 수만 명이 신발을 벗고 침묵 가운데 순교자들의 해미읍성으로 걸어 들어가 서로의 발을 씻어 주고 화해의 포옹을 나누었다.

그때를 상기하며 나는 발이 있는 곳에 우리 자신이 있음을 말했다. 몸과 마음이 같이 있지 않을 때가 많은 우리에게 때론 발이 길을 안내해 주기도 하는데 그것이 '살아있는 사람'의 발이었다. "기쁜 소식을 전하는 이들의 발이 얼마나 아름다운가!"(이사 52,7; 로마 10,15). 그래서 우리는 한참을 자신과 서로의 발이 얼마나 예쁜지 바라보며 웃었다.

프란치스코 교황님의 말씀대로, 누구에게도 개종을 강요하지 않으면서도 복음을 전하는 길은 '살아있는 사람' 모두가 아름다운 사람으로 매력을 보여 주는 길뿐이다.

그렇게 노란 95명의 '살아있는 사람 10'은 모두의 시선을 받으며 가을날 햇살처럼 경주를 신나게 달렸다. 마라톤 후에는 1,300여 만 원의 성금을 볼리비아와 중앙아프리카공화국 어린이들을 위해 성탄절에 써 달라고 부탁하며 보냈다. 씩씩하게 자라나 열 살이 된 '살아있는 사람'이 맺은 사랑의 열매였다.

모든 시끌벅적한 일이 지나가자 '살아있는 사람'의 10년을 돌아보았다. 그동안 뛰었던 '살아있는 사람'들(매년 '살아있는 사람'에게 고유 번호를 부여한다) 327명과 다양한 마라톤 대회에 대한 기억뿐 아니라 좀 더 본질적으로 내가 '살아있는 사람'으로 살아간다는 것이 어떤 의미가 있는지 묻고 있었다.

달린다는 본질적인 행위에서 발견하는 사제의 삶은 무라카미 하루키가 말한 '소설가로서의 한없이 개인적이고 피지컬한 업'과 닮아 있다. 무라카미 하루키는 전업 작가가 되면서부터 달리기를 시작해 30년 넘게 거의 매일 한 시간 정도 달리기나 수영을 한다. 33세에 달리기를 시작한 무라카미 하루키처럼 나 역시 33세에 마라톤에 입문했다. 그가 쓴 『달리기를 말할 때 내가 하고 싶은 이야기』*What I talk about when I talk about Running*는 그의 문학의 원천이 달리기임을 선언하는 책이다. 달리기의 인문학적 선언이라 불릴 만한 이 책은 달리기에 입문하는 사람에게 내가 자주 선물하는 책이다. 그의 책은 내게 달리기에 대한 목소리를 가질 수 있게 했고 달리기의 의미를 찾게 해 주었다.

그는 말한다. "매일 달린다는 것은 나에게 생명선과 같은 것으로, 바쁘다는 핑계로 인해 건너뛰거나 그만둘 수는 없다. 만약 바쁘다는 이유만으로 달리는 연습을 중지한다면 틀림없이 평생 동안 달릴 수 없게 되어 버릴 것이다. 계속 달려야 하는 이유는 아주 조금밖에 없지만 달리는 것을 그만둘 이유라면 대

형 트럭 가득히 있기 때문이다. 우리에게 가능한 것은 그 '아주 적은 이유'를 하나하나 소중하게 단련하는 일뿐이다. 시간이 날 때마다 부지런히 빈틈없이 단련하는 것." 무라카미 하루키는 몸이 튼튼하거나 운동에 소질이 있어서라기보다는 '그냥 달리는 것이 그에게 맞기 때문에' 그리고 '이건 그의 인생에서 아무튼 하지 않으면 안 되는 일'이라고 생각하기에 그렇게 하고 있다고 말한다. 나도 마찬가지다. 딱히 소질이 있어 달리기를 한다기보다 달리는 일이야말로 사제로 살아가는 데 있어 꼭 필요한 일이라고 생각하기 때문에 계속해서 달리고 있다. 무라카미 하루키가 쓴 자전적 에세이『직업으로서의 소설가』에서 고백하는 것처럼, 자신의 혼돈마저도 정면으로 마주하고 그것을 충실하고 성실하게 언어화하기 위해 필요한 것은 과묵한 집중력과 좌절하는 일 없는 지속력, 견고하게 제도화된 의식, 그리고 마지막으로 그러한 자질을 일정하게 유지하기 위해 필요한 체력이다. 나에게 사제직은 직업이 아니다. 그 때문에 더 치열한 집중력과 지속력, 의식 그리고 체력이 필요하다. 왜냐하면 나의 삶 전체가 바로 내가 누구인지 말하기 때문이다.

    사제에게는 그만의 시간 리듬이 있다. 혼자서 지키고 이루어 내야 할 일이 있다. 매일 일정한 시간에 바치는 성무일도와 미사, 그리고 미사 강론 준비를 위한 복음 묵상 등이다. 특히 복음 묵상을 할 때는 짧게는 하루, 길게는 일주일 단위로 사제는 계속해서 보이지 않는 인간 내면을 들여다보고 신자들의 영적 이익을 위해 무엇인가를 길어 올려야 한다. 사제가 소설가처럼 '작가의 벽'(Writer's block)에 부딪히면 신자들은 금방 알아차린다. "깊은 데로 저어 나가서 그물을 내려 고기를 잡아라"(루카 5,4) 하고 스승께서는 요구하시지만 매일 그렇게 하는 것은 만만한 일이 아니다. 무라카미 하루키가 말한 것처럼, 예수님의 말씀을 가지고 깊은 데로 저어 나가 지속적으로 영혼을 울리는 지점에 도달하기 위해서는 육체적 기초가 필요하다.

　이것이 다가 아니다. 사제는 매일 사람들을 만난다. 그들이 가져오는 일상의 잡다한 이야기에서부터 유아세례나 결혼과 같은 신나는 이야기, 나아가 심각하고 무거운 고통과 죽음에 대한 이야기를 들어야 한다. 기쁘면 기쁜 대로 슬프면 슬픈 대로 모든 것이 듣는 이의 육체적·정신적 에너지를 필요로 한다. 그저 듣는 것만 해도 힘이 드는데 많은 경우에 신자들을 위한 사목이란 '함께함'이다. 어떤 자리에 사제로서 함께하는 것, 그것으로 그 시간을 지지하고 그 사람을 응원하는 함께함 역시 사제에게 많은 시간과 에너지를 요구한다. 그래서 사제는 먼저 건강한 인간이 되어야 한다.

　무라카미 하루키는 『직업으로서의 소설가』에서 이렇게 말한다. "육체적으로 절제하는 것은 소설가를 지속해 나가기 위해서는 불가결한 일입니다. … 그리고 그 강고한 의지를 장기간에

필자가 그린 하루키

걸쳐 지속시키려고 하면 아무래도 그의 삶의 방식 그 자체의 퀄리티quality가 문제가 됩니다. 일단은 만전을 기하며 살아갈 것. '만전을 기하며 살아간다'라는 것은 다시 말해 영혼을 담는 '틀'인 육체를 어느 정도 확립하고 그것을 한 걸음 한 걸음 꾸준히 밀고 나가는 것이라는 게 나의 기본적인 생각입니다. 살아간다는 것은 (많은 경우) 지겨울 만큼 질질 끄는 장기전입니다. 게으름 피우지 않고 육체를 잘 유지해 나가는 노력 없이, 의지만을 혹은 영혼만을 전향적으로 강고하게 유지한다는 것은 내가 보기에는 현실적으로 거의 불가능합니다. 인생이란 그렇게 만만하지 않습니다."

나는 무라카미 하루키에게 감사한다. (감사의 손편지도 몇 번 보냈다.) 작가로서 최선을 다해 살아가기 위해 영혼을 담는 틀인 육체를 강고하게 유지하는 일의 중요함을 이렇게 멋있게 표현해 주었기 때문이다. 그가 쓴 글에서 드러나는 그의 삶에 대한 가치와 자세는 바로 사제인 나에게도 그대로 적용된다. 매일 같은 시간에 앉아서 글을 쓰기 위해 매일 달리는 무리카미 하루키는 매일 같은 시간에 기도하고 영적 성찰을 해야 하는 사제가 갖추어야 할 육적 소양에 관해 가르쳐 주고 있다. 단 한 번의 성공이 아니라 지겨울 만큼 질질 끄는 장기전인 삶을 만전을 기해 살아가기 위해서 어떻게 육체를 잘 지켜 나가야 하는지를 그는 나에게 생생하게 보여 주고 있다.

이제 '살아있는 사람'은 열 살이 되었다. 한 가지 바람은 좀 더 크게 상상하고 기억에 남게 뛰고 싶었다. 3년 동안 참가했던 경주 국제 마라톤에서 벗어나 좀 더 새로운 마라톤에 도전하고 싶었다. 그런데 그것은 한국에서 가장 신비로운 곳에서 이루어졌다.

살아있기에 아름다운 사람 3   김은준 시몬

김은준 시몬은 2018년 중학교 1학년생일 때 군위 삼국유사 전국 하프 마라톤 대회에 참가했습니다. 중학교 1학년으로 그 먼 거리를 쉬지 않고 두 시간 넘게 씩씩하게 달려 완주했으니 참으로 대단합니다. 저 역시 시몬과 함께 달리며 누군가의 보폭에 맞춰 함께 뛴다는 것의 의미를 새긴 뜻깊은 마라톤이었습니다. 은준이의 이야기를 들어 볼까요.

저는 군위고등학교 1학년에 재학 중인 김은준입니다. 신부님께서 군위본당 미사 시간에 강론으로 '살아있는 사람'의 이야기를 해 주셔서 처음으로 알게 되었습니다. 마다가스카르에서 만났던 사라를 위해서 마라톤을 하신다는 것과 그곳의 아이들이 먹을 쌀을 사기 위해 모금을 한다는 이야기를 듣고 저도 뛰고 싶었습니다.

처음에는 10킬로미터를 뛰려고 했는데 신부님께서 제게 하프 마라톤을 같이 뛰어 보자고 하셨습니다. 언젠가 꼭 한 번 마라톤을 뛰고 싶었는데 기회가 온 것입니다. 마라톤 대회를 준비하면서 참 많이 뛰었는데 그때마다 걷거나 뛸 수 있는 건강한 다리가 정말 감사했습니다. 그리고 내가 하고 싶었던 일을 이루기 위해 준비를 한다는 것이 많이 설레었습니다.

마침내 군위 삼국유사 마라톤 대회일이 되었습니다. 처음부터 중반까지는 잘 뛰었는데 후반에 들어서니 생각했던 것보다 훨씬 힘

위 아셀라 수녀님과 부계 성바오로 청소년의 집 학생들, 2018년
아래 하프 마라톤 완주 후, 2018년

들었습니다. 포기할까도 생각했지만 함께 뛰는 분들께서 응원해 주시고 신부님도 같이 뛰어 주셔서 정말 힘이 되었고 마지막까지 잘 뛸 수 있었습니다. 사실 하프 마라톤에 도전하게 된 다른 이유도 있었습니다. 학교에서 마라톤 신청을 했는데 미술 선생님께서 신청을 받았습니다. 제가 "전 하프를 뛰겠습니다"라고 말하니까 선생님께서 "넌 너무 어려서 못 뛸 거다" 하시고는 제 의사와 상관없이 10킬로미터를 신청하셨습니다. 그 순간 오기가 생겨서 꼭 하프를 완주해서 선생님의 콧대를 눌러 주겠다고 생각했습니다. 그래서 더 열심히 마라톤 준비를 했던 것 같습니다. 하지만 하프 마라톤을 완주하고 나니 그 자체로 제게 아주 감동적인 일이라는 것을 알게 되었습니다.

제가 마라톤을 준비할 때 응원해 주신 수녀님, 신부님, 선생님들께 감사합니다. 이분들의 응원이 없었다면 마라톤 완주를 못했을지도 모릅니다. 언제나 응원해 주셔서 감사합니다.

이 글을 읽는 여러분, '살아있는 사람'에 대해 주변에 많이 많이 알려 주시고 한번 뛰어 보세요. 진짜 추천합니다. 우리의 튼튼하고 건강한 다리가 어려운 사람들을 도울 수 있습니다. 하프 코스가 힘들다면 10킬로미터도 좋고 5킬로미터도 좋습니다. 한번 뛰어 보세요. 뛰면서 자신이 살아있음을 느끼면 좋겠습니다. 감사합니다.

바람이 불어오는 곳: 제주 국제 마라톤 대회

사람은 어두운 곳(womb, 자궁)에서 와 어두운 곳(tomb, 무덤)으로 간다. 그 반짝이는 사이를 삶이라 부른다. _니코스 카잔차키스

2015년 10월, 80명의 '살아있는 사람 11'은 제주행 비행기를 탔다. 3년 연속 경주 국제 마라톤을 달린 후 새로운 마라톤 대회를 찾고 있었는데 '아름다운 제주 국제 마라톤 대회'가 열린다는 것을 알고 '바람이 불어오는 곳'으로 떠났다. 제주 가톨릭 마라톤 동호회 지도 신부님과 연락이 닿아 '살아있는 사람'의 취지를 알렸더니 기쁜 마음으로 회원들과 함께 뛰겠다고 하셨다. 거기다가 제주교구 교구청에 계신 수녀님들도 함께하게 되어 어느 때보다 전국적인 '살아있는 사람'이 되었다.

제주 국제 마라톤 대회 시작 전에 기도 후 '살아있는 사람 11'을 강복하는 모습

하루 일찍 도착해 사려니 숲길을 걸었다. 말 그대로 신성한 (사려니) 숲이 주는 기운을 받으며 자연 안에서 살아있음을 느꼈다. 이어 일행은 성산 일출봉을 오른 뒤 그날 잠을 잘 성산포성당으로 갔다. 성산포성당 마당에 모여 후원금 봉헌과 감사미사를 드렸다. "삶은 모험이 아니면 아무것도 아니다"라는 헬렌 켈러Helen Keller(1880~1968)의 말을 주제 삼아 강론을 했다. 우리 안에 있는 무언가 특별한 일을 하고 싶은 갈망, 위대한 사람이 되고 싶은 갈망, 마침내 사랑받고 싶은 갈망은 우리가 누구인지 묻는다. 그것은 오직 하느님만이 채워 주실 수 있는 것이다. 내 중심의 삶에서 모든 것을 하느님께 맡기는 하느님 중심의 삶으로 바꾸면 삶은 그 자체로 모험이 된다. 두렵지만 설레는 모험, 바로 '살아있는 사람'이 그날 해가 지는 성산 일출봉을 바라보며 느꼈던 감동이었다.

10월 11일 모험의 날이 밝았다. 대회에서 가장 주목을 끌었던 것은 수도복을 입고 머리에는 베일을 쓴 채로 마라톤에 참가한 수녀님 열입곱 분이었다. 수도회는 달랐지만 가난한 어린이들을 위한 '살아있는 사람'이라는 한마음으로 모두 운동화를 신고 참가 번호를 가슴에 단 정식 마라토너들이었다. 수도복을 입고 뛴다는 것 자체가 놀라운데 그 가운데 세 분은 하프 마라톤에 도전하기 위해 몇 달 전부터 준비를 하셨다. 드디어 '아름다운 제주 국제 마라톤 대회'가 시작되었다. 코발트빛 바다가 아름다운 김녕해수욕장에서 출발하여 월정리로 향해 달려갔다가 돌아오는 코스였다. 산과 바다, 섬이 어우러진 해안선을 따라 달리는 코스는 아름다웠다. 상쾌한 바닷바람과 진한 바다 내음을 맡으며 유명한 월정리 해안가를 지날 때는 관광객들의 구경거리가 되기도 했다.

풀코스 반환점을 돌아 뛰는데 진짜 강한 바닷바람이 맞불어 오기 시작했다. 그다음부터는 낭만이 아닌 낭패였다. 참가자가 적은 풀코스 내내 혼자서 바람과 사투를 벌이면서 뛰었다. 그렇게 한 사람씩 앞서가던 사람을 따라잡았는데 어떤 사람이 '이번에 처음 뛰는지' 묻기에 '그렇다'고 대답했더니 내 나이를 물었다. 이상하다고 생각했지만 말해 주고 나니 그때부터 바로 내 뒤에 바짝 붙어서 달리기 시작했다. 난 제주 바닷바람, 진짜 센 바람을 맞아 죽어라고 뛰는데 이 사람은 10킬로미터 이상을 아무 말도 하지 않고 내 뒤에 혹은 옆에 바짝 붙어서 뛰었다. 그러다가 마지막 1킬로미터 사인이 나타나자 총알같이 뛰어나갔다. 뒤를 돌아보거나 고맙다는 한마디 말도 없이. 나중에 홈페이지에서 40대 기록을 보니 1등이 바로 나와 동고동락(?)을 같이했던 그 매너 없는 사람이었다. (달리기를 아무리 잘해도 매너가 사람을 만든다.)

하프 마라톤에 도전한 수녀님 세 분도 모두 바람을 가르며 멋지게 완주하셨다. 결승선을 향해 수도복을 날리며 상기된 얼

'살아있는 사람 11', 2015년

굴로 달려오는 수녀님들의 모습은 흔히 볼 수 없는 감동이었다. 바람이 불어오는 곳, 햇살이 눈부신 곳, 나뭇잎이 손짓하는 그곳에서 바람에 몸 맡기며 '살아있는 사람'은 모두 자연과 하나가 되었다.

달리는 순간은 살아있다. 달리는 사람은 감사를 느끼고 은총을 체험한다. 하지만 "달리기를 하면 무릎관절에 안 좋다는데" 하며 걱정하는 사람을 많이 만난다. 심하게 오래 달리면 그렇게 될 수 있지만 실제로 달리기 자체가 무릎관절에 안 좋은 영향을 미친다는 보고는 없다. 오히려 적당한 달리기는 무릎 근육을 키워 주어 관절을 건강하게 유지하는 데 도움이 된다. 우리 몸은 안 쓰고 진열장에 보관해 두는 것이 아니라 잘 써야 하는 하나뿐인 것이다. 너무 아껴 두면 녹슬고 너무 막 쓰면 못 쓰게 된다. 나는 그 중간을 모를 뿐이다. 어디가 적당한 지점인지 몰라 남들 보기에 좀 과하게 몸을 쓰고 있다. 하지만 나는 그것이 안 쓰고 아끼다가 녹슬어 못 쓰게 되는 경우보다는 좋다고 생각한다. 신경 써서 잘 쓰고 때가 되어 탈이 나면 그때는 다음 단계로 넘어가면 된다. 그다음 단계란 무릎이나 관절에 부담이 적은 자전거 타기나 수영이 될 것이다.

"미세먼지 때문에 밖에서 달리는 것은 나쁘지 않나요?" 하고 묻는 사람들도 있다. 그렇다. 미세먼지나 공기 오염이 심한 날에는 밖에서 뛰는 것이 몸에 좋을 리 없다. 그런데 그렇다고 실내에만 머무른다면 어떻게 될까? 어느 의사의 강연을 들은 적이 있다. '현대인이 피해 갈 수 없는 여러 질병 가운데 혈관 질환과 폐 질환이 있는데 어느 쪽이 더 심각할까?' 하는 내용이었다. 혈관 질환은 국내에서 암에 이어 사망 원인 2위를 차지한다. 나이가 들면서 동맥에 콜레스테롤이 쌓여 혈관이 좁아지면서 생기는 동맥경화증은 협심증, 심근경색, 뇌졸중 등을 유발한다. 그 강연의 핵심은 혈관 질환을 예방하기 위해서는 혈액 순환을 원활하게 하는 운동을 해야 하고, 그것은 폐 질환을 유발하는 공기 오염 중에서라도 해야 한다는 내용이었다. 폐 질환은 당장에 어떤 치명적인 영향을 주지 않지만 혈관 질환은 갑자기 사람을 덮친다. 실제로 주변에 혈관 질환으로 오랫동안 고통받고 있는 환자와 그들을 돌보는 사람들의 어려움을 보면, 우리 몸의 혈관을 잘 관리하기 위해서는 공기가 안 좋더라도 부지런히 밖으로 나가야겠다는 생각을 하지 않을 수 없다.

달리다 보면 다치는 것을 피할 수 없다. 무릎, 허리, 발, 심지어 젖꼭지도 다친다. 다친 부위와 다친 이유에 따라 치료법은 다양하겠지만 가장 중요한 기본적인 치료법은 달리지 않는 것이다. 그동안 너무 지나치게 사용해 탈이 난 신체가 회복할 수 있는 시간을 주어야 한다. 그리고 대부분의 부상은 이렇게 치료된다. 보통 사람에게는 휴식이란 반가운 소식이지만 마라톤이라는 목표를 두고 계획을 세워 달리는 사람에게 휴식은 고통스러운 시간이다. '이렇게 쉬면 목표를 이룰 수 있을까?'에서부터 시작해 '앞으로 계속 달릴 수 있을까?' 하는 걱정에 이르기까지 마음은 휴식을 모르기 때문이다. 이럴 때 그냥 아무 생각하지 않고 쉬는 것을 배우는 것 또한 살아있음의 한 과정이다. 부상당한 몸에 대한 미안함을 안고 조심스레 다루며 기다려 주는 것, 중요하지만 대부분의 사람들이 지키지 않는 것이다. 몸을 위해 마음을 쓰기보다는 마음 가는 대로 몸을 쓰는 게 당연하다고 사람들은 생각한다. 그래서 때론 부상이 필요한지도 모르겠다. 난 인간이고 쉼과 돌봄, 애정까지 필요하다고 표현하니까 말이다.

달릴 때는 먹고 마시는 것에 주의를 기울여야 하는데 나에게는 우유가 그렇다. 우유만 먹으면 바로 설사를 한다. 나는 우유나 치즈 등의 유제품에 들어 있는 유당(락토오스)을 소화시키지 못하는 '유당불내증'이라는 흠(?)이 있다. 한번은 혼자서 제주도에 가서 달리기를 하러 사려니 숲길을 찾은 적이 있었다. 아침 일찍 일어나 우유를 잔뜩 넣은 카페라떼와 빵으로 배를 든든히 채운 뒤 차를 타고 사려니 숲길에 도착했다. 이른 아침 날씨는 청명하고 새소리만 들리는 조용한 사려니 숲길을 뛰기 시작했다. 행복하게 달리기가 주는 살아있음을 만끽하며 뛰고 있는데 갑자기 속이 끓기 시작했다. 어쩔 수 없이 숲속으로 뛰어

들어가 볼일을 볼 수밖에. 키 큰 삼나무 아래에서 인간의 가장 본능적인 행위를 하는데 고요한 숲의 적막을 깨는 내 몸에서 나는 소리가 얼마나 크던지 고개를 들고 두리번거리길 여러 번. 지금 생각해도 잊지 못할 반짝이는 내 삶의 한 풍경이다.

달리기를 하다 보면 숨 막힐 정도로 힘든 순간이 오고 그것을 버티다가 넘어서면 불현듯 몸이 가벼워지면서 황홀감까지 드는 '러너스 하이'Runner's high가 올 때가 있다. 이런 순간을 달리기가 아닌 것으로도 간접적으로 느낄 수가 있는데 감동적인 달리기 영화를 볼 때다. 잃어버린 운동화 한 켤레 때문에 생긴 남매의 숨 가쁜 이어달리기를 감동적으로 그린 영화「천국의 아이들」이 대표적이다. 1997년에 마지드 마지디 감독이 만든 이란 영화로 가난한 집의 알리가 그의 여동생 자라의 구두를 수선하러 갔다가 잃어버리면서 사건은 시작된다. 부모님에게 말도 못하고 매일 자신의 운동화를 오전반인 자라에게 빌려주어 수업을 마치고 오면 오후반인 알리가 신고 학교로 급하게 뛰어가야 했다. 매일 신발을 바꿔 신고 달리기를 하며 어렵게 학교에 다니다가 지역 마라톤 대회 3등 상품이 운동화인 것을 알게 된다. 1등이나 2등도 아닌 3등 상품인 운동화를 위해 최선을 다해 뛰는 오빠 알리의 달리는 모습을 보면 카타르시스와 함께 몸의 전율도 느낄 수 있다.

또 개인적으로 감명 깊게 본 영화는「리틀 러너」다. 열네 살

소년 랄프가 혼수상태에 빠진 엄마가 깨어나기 위해서는 기적이 필요하다는 말을 듣고 '보스턴 마라톤 대회 우승'이라는 기적에 도전하는 이야기다. 2004년에 개봉한 마이클 맥고완 감독의 캐나다 영화로 기적이란 불가능한 일의 실현이 아니라 간절함으로 인간을 변화시키는 일임을 보여 준다. 마라톤이란 큰 고난 앞에서 순수한 소년 랄프는 선량한 주위 사람들의 도움으로 불가능해 보이는 일에 자신의 모든 노력을 바쳤고, 달리고 또 달려 마침내 기적을 이룬다. 여기에 알렉산드라 버크가 부른 레너드 코헨의 「알렐루야」란 노래를 듣고 있으면, 오! 말 그대로 '알렐루야!'를 외치지 않을 수 없다. 이처럼 달리기는 살아있음이 감사와 은총임을 가르쳐 준다.

자비의 얼굴:
춘천 마라톤 대회

인생은 반환점이 없는 마라톤이다. 돌이킬 수 없는 인생을 후회 없이 마무리하기 위해서는 언제나 최선을 다해야 한다. __손기정

2016년, '살아있는 사람 12'의 주제는 이웃을 위해 고통을 감수하는 '자비의 얼굴'이었다. 그리고 77명의 '살아있는 사람 12'는 마침내 한국에서 가장 권위 있는 제70회 춘천 마라톤에 참가하게 되었다. 10월 22일 토요일 밤 11시 30분에 교구청 경당에 모여 자정에 후원금 봉헌과 감사미사를 봉헌하고 새벽 2시에 춘천행 버스에 몸을 실었다.

아침 6시에 춘천에 도착해서 아침 식사를 마치고 7시 30분에 출발 집결지인 공지천교에 모였다. 9시 정각에 풀코스 주자

9명이 출발하고, 10시에 10킬로미터 주자 68명도 뛰기 시작했다. 비가 와서 쌀쌀한 날씨였지만 가을의 전설로 알려진 의암호를 달리며 터널을 지날 때에는 모든 러너가 함성을 질러 대 신이 났다. 오른쪽에는 호수, 왼쪽에는 산 그리고 단풍이 어우러진 춘천 마라톤! 춘천댐까지 도달하는 오르막이 많이 힘들었지만 나는 3시간 18분 45초의 기록으로 결승선에 도착했다. 돌아보면 밤잠을 자지 않고 뛰는 무리한 일정이었음에도 모두가 기쁜 얼굴로 달렸고, 월요일 아침 조선일보에는 「성당 대신 춘천 달려간 수녀님」이라는 기사와 함께 아셀라 수녀님의 모습이 실려 흐뭇했다.

춘천 마라톤은 1936년 손기정(1912~2002) 선생이 베를린 올림픽 마라톤에서 우승한 10주년을 기념하여 조선일보 주최로 1946년에 시작되었다. 그래서 당시 대회의 이름은 '손기정 세계 제패 기념 제1회 조선일보 마라톤 대회'였다. 1936년 8월 9일, 손기정 선생은 베를린 올림픽에서 세계기록을 5분이나 단축하며 당시 인간의 한계로 인식되던 2시간 30분의 벽을 깨고 2시간 29분 19초로 우승했다. 일제 강점기 암울한 시기에 일본의 온갖 방해 공작을 이기고 이룩해 낸 우리 민족 최초의 세계적인 승리였지만 일제 식민지 시절이었기에 일장기를 달고 달려야 했다. 하지만 손기정 선생은 베를린 올림픽 전 종목 입상자들이 기념 서명을 할 때 자신이 한국 사람임을 분명히 하기 위해 한글로 '손긔정'이라고 서명했으며, 수많은 인터뷰에서도 자신은 한국 사람이라고 강조했다. 같은 대회에서 3위를 차지하고도 시상식에서 손기정과 같이 고개를 떨구었던 남승룡은 이렇게 말했다. "손기정이 1등 한 것보다 가슴에 단 일장기를 가릴 수 있는 월계수 묘목을 갖고 있어서 부러웠다."

1992년 8월 9일, 아시아인 최초로 올림픽 마라톤 대회에서 우승한 손기정 선생의 뒤를 따라 56년 뒤 정확히 같은 날에 황

손기정과 남승룡

영조 선수는 바르셀로나 올림픽에서 마라톤 금메달을 땄다. 막판에 일본 선수와 경쟁을 하다가 그를 따돌리고 우승한 그에게 소감을 묻자 이렇게 말했다. "지난 1936년 손기정 선생님이 일장기를 달고 우승한 뒤 56년 만에 다시 태극기를 달고 우승하게 되어 감격스럽습니다."

　1896년 시작된 근대 올림픽 마라톤 대회에서 지금까지 동양인 남자 금메달리스트는 단 두 명인데 둘 다 우리나라 사람이다. 그리고 근대 올림픽을 기념하고자 1897년에 보스턴 마라톤이 개최된 후 최초로 우승한 동양인 역시 1947년에 우리나라의 서윤복 선수이며, 1950년 보스턴 마라톤에서는 함기용, 송길윤, 최윤칠 선수가 1, 2, 3위를 기록해 세계가 놀랐다. 2001년에는 51년 만에 이봉주 선수가 보스턴 마라톤을 다시 제패했다. 이렇듯 우리나라는 마라톤과 뗄 수 없는 인연을 이어 왔다.

또 한 명의 마라토너를 이야기하고 싶은데 바로 사도 바오로다. 예수님의 열두 제자는 아니었지만 다마스쿠스로 가는 길에서 부활한 예수님을 만나 회심한 뒤에 그는 복음을 전하는 마라토너 선교사로서 세상 끝까지 가서 '예수라는 이름만이 구원을 줄 수 있다'(사도 4,12 참조)는 복음을 선포했다. 그가 쓴 서간들에는 달리기를 신앙에 비유한 글이 많이 나오는데 그중에 이런 글이 있다.

"경기장에서 달리기하는 이들이 모두 달리지만 상을 받는 사람은 한 사람뿐이라는 것을 여러분은 모릅니까? 이와 같이 여러분도 상을 받을 수 있도록 달리십시오. 모든 경기자는 모든 일에 절제를 합니다. 그들은 썩어 없어질 화관을 얻으려고 그렇게 하지만, 우리는 썩지 않는 화관을 얻으려고 하는 것입니다. 그러므로 나는 목표가 없는 것처럼 달리지 않습니다. 허공을 치는 것처럼 권투를 하지 않습니다. 나는 내 몸을 단련하여 복종시킵니다. 다른 이들에게 복음을 선포하고 나서, 나 자신이 실격자가 되지 않으려는 것입니다"(1코린 9,24-27).

바오로 사도는 그가 살던 당시에 행해지고 있었던 고대 올림픽의 달리기 경주를 염두에 두고 편지를 썼을 것이다. 경기에서 받을 상, 곧 화관은 올림픽 경기에서 승리자에게 주어졌던 월계관이며 이것은 곧 영광과 명예를 상징했다. 마찬가지로 신앙에 있어서 승리하는 사람은 월계관과는 비교도 되지 않는 썩지 않을 화관을 얻기 위함이므로, 올림픽 경기에 참가하는 사람보다 더 절제하며 단련해야 함을 강조하고 있다. 세상 안에서 세상 사람들보다 더 절제하고 더 노력해야 하는 그리스도인, 그의 발은 땅을 딛고 있지만 눈은 하늘을 바라보고 있다. 그는 이 땅에서 이방인처럼 산다. 시민으로서 모든 일에 참여하면서 세상 속에서 살지만 세상에 속하지는 않는다. 모든 것이 사라질 곳에서 영원을 꿈꾸며 산다. 그래서 그리스도인은 세상 사람들과는 달리 이 땅에서 순례자로 살다가 때가 되면 영원한 고향으로 돌아간다. 하느님께서 자신에게 준 사명을 성취하기 위해 평생을 달린 사도 바오로처럼, '훌륭히 싸우고 달릴 길을 다 달리며, 무엇보다 끝까지 믿음을 지켜' 하느님 나라로 들어가 '의로움의 화관'(2티모 4,7-8 참조)을 받기를 꿈꾼다.

    바오로 사도의 이런 가르침은 내가 마라톤을 계속해야 하는 이유를 가르쳐 주기도 했다. 곧, 다른 이들에게 복음을 선포하고 나서, 나 자신이 실격자가 되지 않도록 먼저 나의 몸을 단련하여 복종시켜야 함을 말이다. 지치지 않고 세상 끝까지 나아가 복음을 전할 수 있었던 바오로 사도, 그의 체력과 열정은 그가 직접 달리는 사람이었기에 가능했을 것이다. 그는 예수 그리스도를 구세주로 고백하면서 박해를 받는 그리스도인들에게 '우리 믿음의 영도자이시며 완성자이신 예수님을 바라보며'(히브 12,2 참조) 달려야 할 길을 꾸준히 달리도록 격려하면서 스

바오로 사도의 제자 샬트르 성바오로회 수녀님들, 2015년 춘천 마라톤 대회

스로도 이렇게 고백했다. "나는 내 뒤에 있는 것은 잊어버리고 앞에 있는 것을 향하여 내달리고 있습니다. 하느님께서 그리스도 예수님 안에서 우리를 하늘로 부르시어 주시는 상을 얻으려고, 그 목표를 향하여 달려가고 있는 것입니다"(필리 3,13-14). 선교를 하는 가운데에서도 꾸준히 달렸던 바오로 사도였기에 그는 자신의 사명이 바로 '달릴 길을 다 달려 예수님께 받은 직무, 곧 하느님 은총의 복음을 증언하는 일을 다 마치는 것'(사도 20,24 참조)임을 몸으로 매일 새겼을 것이다. 그래서 지치고 힘이 빠진

이에게는 '맥 풀린 손과 힘 빠진 무릎을 바로 세워 바른길을 달려 절름거리는 다리가 접질리지 않고 오히려 낫게 하도록'(히브 12,12-13 참조) 격려할 줄 알았다.

    세기의 마라토너 손기정 선생과 바오로 사도, 그들은 달리기를 통해 자신의 사명을 깨달았으며 이를 통해 민족의 애국심을 일깨웠고 그리스도교 신앙을 전파했으며 마침내 자신들이 믿는 바를 끝까지 좇아 달려가 이루어 냈다.

살아있기에 아름다운 사람 4 **이동욱 베드로·박성희 프란체스카 부부**

> 이동욱 베드로와 박성희 프란체스카 부부는 오랫동안 '살아있는 사람'으로 함께 뛴 길동무입니다. 나이도 잊고 부부가 함께 마라톤에 참가해 같이 달리는 모습을 보면 살아있기에 아름다움은 한계를 뛰어넘는 것 같습니다. 살아있기에 아름다운 사람 네 번째 주인공으로 이동욱·박성희 부부를 소개합니다.

이동욱 베드로와 박성희 프란체스카 부부입니다. 저희 부부는 김성래 하상바오로 신부님께서 해외 선교사에게 차량을 지원하는 미바 MIVA회 담당 신부님으로 오셔서 2014년에 '살아있는 사람'을 알게 되었고, 가난한 어린이들을 후원하는 단체여서 뛰기로 마음을 먹었습니다. 2014년 '살아있는 사람 10'부터 참가하여 6년째 '살아있는 사람'으로 달리고 있습니다.

처음 10킬로미터를 달린다고 생각하니 부담이 되어 마라톤을 뛴 경험이 있는 형제에게 조언을 구하고 신부님께 훈련 방법을 배워서 준비했습니다. 실제로 뛰어 보니 많이 힘들었지만 나와의 싸움에서 이겨야 한다는 심정으로 뛰었고 기도의 지향을 두었기 때문에 끝까지 뛸 수 있었습니다. 호흡이 가빠 끝까지 뛸 수 있을까 하는 걱정도 있었지만 볼리비아와 중앙아프리카공화국 어린이들을 생각하면서 힘을 내었습니다.

마라톤을 뛰면서 경험했던 여러 에피소드가 떠오릅니다. 먼저

대구 미바회 임원들, 2016년

이동욱 베드로·박성희 프란체스카 부부

경주 국제 마라톤 대회를 뛸 때 사물놀이패가 풍물을 치면서 달리기 선수들이 지나갈 때 박수를 쳐 주었던 것이 기억에 남습니다. 달리다가 소변이 마려워 가게로 들어가니까 기꺼이 화장실을 내주고 볼일을 보고 나오니까 음료수까지 주면서 용기를 북돋아 준 분도 계십니다. 춘천 마라톤 대회에서는 프란체스카 다리가 많이 아파 걷다가 뛰다가 하면서 너무 힘들어했던 기억이 납니다. 제주 마라톤 축제에서는 바다를 끼고 달리면서 아름다운 자연을 보았던 것이 감동적이었습니다. 무엇보다 마라톤을 완주하면서 나에 대한 자신감이 생겼습니다.

부부로서 함께 마라톤을 뛰면서 인생이라는 긴 여정에서 힘들 때 서로 의지하고 모자라는 것을 챙겨 주면서 끌어 주고 당겨 주는 것을 배웁니다. 서로에게 용기를 주며 함께 뛰어가는 것이 부부로서 배운 '살아있는 사람'의 정신입니다.

'살아있는 사람은 하느님의 영광'이라는 말을 마라톤을 하면서 진정으로 알게 되었습니다. 살아있으니 뛸 수 있고, 살아있으니 사랑할 수 있고, 살아있으니 나눌 수 있고, 살아있으니 감사함을 느낄 수 있습니다. 마라톤을 통해 미바회 임원들이 함께할 수 있고, 결속할 수 있고, 우정을 나눌 수 있고, '살아있는 사람'들과 함께할 수 있어 행복합니다. 뛰지 못하면 걸어서라도 앞으로 계속 참여할 것입니다.

마라톤의 변화:
군위 삼국유사 마라톤 대회

움직이지 않는 것보다 움직이는 것이 빨리 눈에 띈다. __셰익스피어

"세계적으로 생각하고 지역적으로 행동하라"는 말이 있다. 1992년 브라질 리우에서 개최된 유엔 환경 개발 회의에서 채택된 모토다. '살아있는 사람' 역시 볼리비아와 중앙아프리카공화국의 어린이들을 돕지만 우리의 행동은 지역에서 이루어져야 한다. 그동안 경주, 제주도, 춘천으로 가서 달렸지만 '살아있는 사람 13'은 좀 더 가까운 지역에서 작은 마라톤을 뛰고 싶었다. 그래서 선택한 곳이 삼국유사의 고장이자 김수환 추기경님의 생가가 있는 군위였다.

2017년 10월 14일 토요일 제12회 군위 삼국유사 전국 마

'살아있는 사람 13'의 감사와 봉헌 미사, 2017년

라톤 대회가 열렸다. 124명의 '살아있는 사람 13' 모두 각자 한 가지 목표를 품고 모였다. '하프 마라톤을 완주하고 싶다.' '나와의 약속을 지키고 싶다.' '적어도 끝까지 걷지는 않겠다.' 우연히 들른 시골 마을에서 잔치가 벌어진 듯한 분위기의 군위 마라톤은 이천 명 규모의 작은 대회라 '살아있는 사람'은 큰 환대를 받았다. 코스는 삼국유사로를 따라 가을날 시골 풍경처럼 편안했고 산과 들이 고로댐 물에 비춰져 가을 정취를 물씬 풍겼다. 달리는 길에 만난 작은 설악이라는 아미산 역시 아름다웠다.

　아쉬운 점이 하나 있다면 풀코스가 없기에 나는 하프 코스 완주에 만족해야 했다. 하지만 하프를 뛰고 들어오니 출발 장소는 시골 장터가 되어 있었다. 공짜로 주는 소머리 국밥, 두부 김치, 막걸리에는 시골 인심과 손맛이 담겨 있었고 지역 특산물은 보너스였다. '용 꼬리보다 뱀 대가리가 낫다'는 말처럼 춘천 마라톤같이 큰 대회에 가서 사람들에 치이며 복잡하고 소란스러운 것보다는 소박한 군위에서 느끼는 환대가 훨씬 좋았다. 작은 대회라 우리 가운데 여러 사람이 입상을 해 트로피를 받는 즐거움도 있었다. 60대 여자 부문에서 당당히 입상한 수녀님은 모두에게 '살아있음이란 이런 것이다' 하고 보여 주었다. 저녁에는 대구에서 삼겹살 파티를 하고 낯선 즐거움이 주는 신선한 하루를 마감했다.

젊은이들과 지난 7년 동안 마라톤을 뛰면서 우리나라 마라톤이 변화하고 있음을 목격했다. 마라톤은 그동안 기성세대가 혼자 하는 운동으로, 또한 자신과의 싸움에서 이겨야 하는 극한의 운동으로 비쳐져 왔다. 하지만 최근에 즐거운 삶을 추구하는 2030세대가 마라톤을 트렌디한 운동으로 바꾸고 있다. 달리기가 함께 뛰고 멋있게 뛰는 새로운 라이프 스타일로 젊은이들에게 각광을 받고 있다. 2019년 서울 국제 마라톤은 역대 최고 참가자인 3만 8,500명이 참가했는데 2030세대 참여가 대폭 늘어났다. 2018년에 1만 2,236명이던 2030세대 참가자가 2019년에는 1만 5,994명으로 늘어났다. 그 가운데 30대 참가자가 전체의 24.1퍼센트를 차지하여 전체 연령층을 통틀어 가장 많았다.

'워라밸', 곧 워크 라이프 밸런스Work Life Balance는 현대인에게 중요한 키워드다. '일과 삶의 균형'은 그동안 직장에서 일을 통해 자기실현을 이루려 했던 기성세대의 가치관에서 벗어나 개인적 삶의 중요성을 깨닫고 일과 삶의 균형을 맞추려는 새로운 세대의 트렌드다. 2030세대는 저녁이 있는 삶을 원한다. 그래서 그들은 직장에서의 회식보다 자신이 좋아하는 사람들과 함께 운동하는 것을 선호하는데, 대표적인 것이 새로운 달리기 문화를 이끄는 '러닝 크루'Running crew다. 이들은 인스타그램이 주요 활동 무대이며 야간 도심에서 함께 러닝을 즐긴다. 이 젊은이들은 기존의 동호회나 회사의 소속감이 주는 압박이나 강

'살아있는 사람'이 후원자를
기억하며, 2017년

압적인 위계질서가 없는 수평적 문화를 지향하며, 달리기를 통해서 유대감을 쌓고 서로 공감하고자 한다. 이들은 일주일에 한 번 날짜를 정하고 달리는 정규런, 별도 사전 신청 없이 누구나 즐길 수 있는 오픈런, 크루 이외의 손님을 초청해 함께 달리는 게스트런, 갑자기 모이는 번개런 등을 통해 같이 뛴다. 또한 러닝을 단순한 운동이 아니라 하나의 문화로 발전시켜 다양한 러닝 굿즈, 곧 달리기 복장, 헤드밴드, 스마트워치 등으로 자신을 표현하는 것도 잊지 않는다. 자신이 속한 러닝 크루의 팀셔츠와 깃발을 인스타그램에 게재하며 활동을 뽐낸다. 인기 있는 러닝 크루는 '런예인'(러너+연예인)이라 불리며, 인스타그램에서 수많은 팔로워를 둔 인플루언서(영향력 있는 사람)도 생겨난다. 여성만을 위한 러닝 크루도 인기가 있다.

현대의 새로운 달리기 방식인 러닝 크루의 인기 요인은 첫째, 모임의 실용성에 있다. 개인주의 성향이 강한 젊은이들이 책임감이나 의무감 없이 원하는 때에 하고 싶은 운동만 할 수 있기 때문이다. 그동안 취미생활에서 빠지지 않았던 회사, 학교, 지역 중심의 직장이나 동호회의 친목이 아닌 달리기에 집중하는 목적이 뚜렷하고 실용적인 모임이 러닝 크루다. 이들은 규율이나 원치 않는 뒤풀이 대신 달리기에 중점을 둔다. 둘째, 달리기는 경제적·심리적 진입 장벽이 낮다. 달리기를 하기 위해서는 운동화만 있으면 된다. 별로 돈이 들지는 않지만 운동 효과는 좋다. 셋째, 서로 페이스메이커가 되어 같은 목적을 성취하도록 격려하고 돕는다. 많은 경우 운동을 혼자 하면 쉽게 지치거나 포기할 수 있지만 같이하면 운동도 재미있어진다. 여기에 개인적인 취향이 더해져서 달리기를 같이한 후 수제 맥주나 와인 등과 같은 다양한 취미를 공유하거나 달리기를 하기 위해 여행을 떠나는 런트립Run-trip 같은 새로운 형태의 클럽도 생겨나고 있다. 또는 친환경을 표방하며 참가자들이 달린 거리에 맞춰 나무를 심거나 달리면서 쓰레기를 줍는 플로깅Plogging[스웨덴어로 Plocka Upp(이삭을 줍다)과 영어 jogging(조깅)의 합성어]이 인기를 끌기도 한다. 이런 행사는 젊은 세대를 마케팅 대상으로 하는 자동차 회사, 스포츠용품 회사뿐만 아니라 은행 등 기업의 사회적 책임을 홍보하기 위한 수단으로 이용되기도 한다.

마라톤은 이제 경주가 아니라 소통의 장이 되고 있다. '혼자 가면 빨리 가고, 같이 가면 멀리 간다'라고 생각하는 젊은이들에게 달리기는 사회생활이나 일상의 인간관계에서 체험하지 못하는 새로운 라이프 스타일을 선사해 준다. 최근에는 이런 트렌드를 반영해 '달리기 리얼리티 프로그램'이 등장해 특별한 장소에서 연예인들이 뛰는 TV 프로그램이 인기를 끌기도 한다. 달리기는 더 이상 소수만을 위한 스포츠가 아니다. 누구나 즐겁게 함께 달릴 수 있고, 하느님의 영광과 이웃을 위해 달리고자 한다면 누구나 '살아있는 사람'이 될 수 있다.

3부

함께 꾸는 꿈

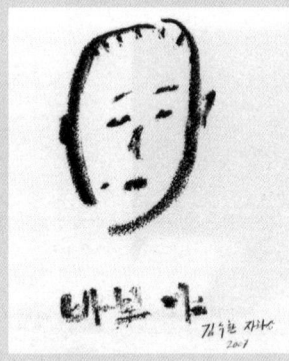

"바보야"

사랑은 의지입니다. _김수환

    2018년 1월, 나에게 큰 변화가 일어났다. 5년 반 만에 비서 신부의 소임을 마치고 군위본당 주임신부로 발령을 받은 것이다. 2017년 10월에 있었던 군위 삼국유사 마라톤의 좋은 기억이 운명처럼 생생하게 다가왔다. 동시에 2017년 12월에 완공된 김수환 추기경님의 생가에 들어선 '김수환 추기경 사랑 나눔 공원' 원장도 겸하게 되었다. 신학교 1학년 때 뵈었던 추기경님의 따뜻한 미소가 떠오르며 그분이 유년 시절을 보낸 초가집이 내 집처럼 느껴졌다.

    김수환 추기경님께서 그리신 자화상 「바보야」에는 추기경님의 삶과 그분의 진솔한 마음이 담겨 있다. 47세에 세계 최연소, 한국 최초의 추기경이 되어 평생 하느님 사랑을 말하고 가르치며 살았지만 그것을 느끼지 못한 바보, 그래서 스스로 "제가 잘났으면 뭐 그리 잘났고, 크면 얼마나 크며, 알면 얼마나 알겠습니까! 안다고 나대고, 어디 가서 대접받길 바라는 게 바보지. 그러고 보면 내가 제일 바보같이 산 것 같아요" 하고 말씀하셨다. 85세 노구에 자신을 그리고는 "바보야"라고 부르며, "사랑이 머리에서 가슴으로 내려오는 데 70년이 걸렸다" 하고 수줍게 고백하셨다.

추기경님께서는 달리는 사람, 더 정확하게는 '기쁜 소식을 전하는 사람'을 많이 사랑하셨다. 2002년 가톨릭 마라톤 동호회 창립 미사에서 '달려라! 기쁜 소식을 전하는 사람들'이라는 친필을 적어 주셨고, 지금은 천오백 명이 넘는 전국 가톨릭 마라톤 동호회 회원들이 마라톤 대회 때마다 그 옷을 입고 달리고 있다. 추기경님의 응원을 몸에 새기고 달리는 이들을 보면 복음을 전하기 위해 세상 끝까지 뛰었던 바오로 사도의 열정과 환호가 느껴진다. "기쁜 소식을 전하는 이들의 발이 얼마나 아름다운가!"(이사 51,7; 로마 10,15).

2018년 10월 13일, 189명의 '살아있는 사람 14'는 다시 '군위 삼국유사 마라톤'을 찾았다. "서로 밥이 되어 주십시오"라는 추기경님의 말씀을 새긴 파란 손수건을 모두 목에 두르고 10월의 가을날을 신나게 달렸다. 마라톤 후에는 군위성당에 모여 바비큐와 수제 맥주를 즐겼고 다 함께 감사와 후원금 봉헌 미사를 드렸다. "혼자 꾸는 꿈은 그저 꿈이지만 다른 사람들과 함께 꾸는 꿈은 현실이 된다." 본당 주일학교 어린이, 학부모, 신자들, 수녀님들, 전국에서 온 청년들이 모두 함께 꿈을 꾸니 한 번도 보지 못한 현실을 만났다. 그것은 자신을 넘어서는 더 큰 현실, 곧 사랑의 공동체가 가져오는 신선한 즐거움과 보람이었다.

'열정'을 뜻하는 영어 패션passion이 고유명사로 더 패션The Passion이 되면 그것은 예수님이 겪으신 '수난'을 뜻한다. 무엇인가에 열정을 쏟아부을 때, 시간과 에너지를 과감히 투자할 때 때론 우리는 그것으로 인한 고통, 혹은 그것을 이루지 못한 아픔을 감당해야 한다. 하지만 실패가 두렵다고 시작하지 않는다면 아무것도 이루지 못한다. 이런 열정에 '함께'라는 뜻의 컴com을 더하면 컴패션com-passion, 곧 연민, 공감, 사랑이 현실이 된다. 남을 가엾이 여기는 마음, 곧 '살아있는 사람'의 마음이며 함께 달리는 행위를 통해서만 만날 수 있는 새로운 현실이다. 개인적으로는 14년째로 접어드는 나의 마라톤에서 특별한 체험을 했다. 마라톤을 준비할 때마다 나는 마라톤에 입문하는 사람들이 어떻게 준비하고 달리고 목표에 도달하는지 함께 뛰면서 가르쳐 준다. 그러나 막상 레이스가 시작되면 언제나 혼자였다. 하

프 마라톤 네 번, 풀코스 마라톤 열다섯 번을 완주하면서 한 번도 적당히 뛴 적이 없었다. 나에게 마라톤이란 나의 한계에 도전하는 절정의 경험, 과거와 미래가 현재에 녹아드는 시간, 평범한 사람이 비범한 영웅이 되는 전장과 다름없었다. 먹이를 뒤쫓는 사자처럼 나름의 목표를 향해 전력을 다해 뛰는 것이 나만의 방식이었다.

그런데 이번 마라톤에서는 처음으로 다른 사람의 보폭에 맞춰 함께 뛰기로 했는데 그 상대는 본당 구역에 있는 '성바오로 청소년의 집'의 중학교 1학년생 김은준이었다. 사라와 '살아 있는 사람'의 이야기를 강론 때 듣고서 달리기 연습을 시작해 하프 코스에 도전하겠다고 했을 때는 걱정을 했지만 매일 연습을 한다는 이야기를 듣고서 함께 뛰기로 했다. 실제로 '청소년의 집'에 가서 소년들과 함께 연습도 했다. 중학생과 보폭을 맞춰 함께 하프 마라톤을 뛴다는 것, 내게는 생각해 보지도 못한 도전이었다. 마음대로 뛰고 싶은 나의 욕망을 누르고 상대를 배려하며 뛰는 것이 나에게는 생소했다. 그것은 인생이라는 여정에서 누군가와 동행할 때 나의 방식이나 기대, 목표를 내세우기보다 동반자에게 '밥이 되어 주어야 한다'라는 추기경님의 말씀을 몸으로 체험하는 것이기도 했다. 하프 코스 후반부에 들어 힘들어 포기하고 싶어 하는 은준이를 계속 격려하며 천천히, 그러나 꾸준히 함께 뛰는 법을 다시 배웠다. 내 것을 내려놓으니 우리 것이 있었다. 우리는 두 시간을 훌쩍 넘겨 함께 골인했고 서로에게 완주 메달을 걸어 주었다. 나도 그만큼 기뻤다.

    2018년 '살아있는 사람 14'를 준비할 때에는 한 가지 평소와는 다른 일을 했다. '살아있는 사람'의 공식 로고를 만든 것이다. '살아있는 사람'의 정신을 잘 드러내는 바오로 사도가 말한 '기쁜 소식을 전하는 발'과 인간에 대한 예수님 사랑을 가장 깊이 표현한 그리스도교 신앙의 핵심인 '십자가'를 결합해서 한 발자국 뗄 때마다 '살아있는 사람'의 몸으로 하느님의 영광을 드러냄을 형상화했다.

    머리로 혹은 입으로 살아가는 신앙이 아니라 몸으로, 더 정확하게는 발로 실천하는 신앙인이 되는 것이 예수님께서 '살아있는 사람'에게 바라는 것이라 믿는다. 세상 끝까지 복음을 전하러 간 바오로 사도처럼 어디에서나 당당하게 기쁜 소식을 전하며, 가장 낮은 곳에서부터 가장 약한 이들을 위해 헌신하고자 하는 마음을 담았다. 42.195킬로미터를 갈 수 있게 만드는 유일한 길인 한 걸음, 이 구체적 한 발자국 없이는 모든 것이 불가능하다. 모든 것은 한 걸음부터 시작되고 한 발자국이 모든 것이다.

    추기경님께서는 인생 여정은 머리에서 가슴으로 가는 것이라고 말했는데 사실 거기에서 끝나는 것이 아니다. 신영복 선생은 이렇게 말한다. "또 하나의 가장 먼 여행이 남아 있습니다. 가슴에서 발까지의 여행이 그것입니다. 발은 여럿이 함께 만드

는 삶의 현장입니다. 수많은 나무가 공존하는 숲입니다. 머리에서 가슴으로, 그리고 가슴에서 다시 발까지의 여행이 우리의 삶입니다. 머리 좋은 사람이 마음 좋은 사람만 못하고, 마음 좋은 사람이 발 좋은 사람만 못합니다."

발 좋은 사람이 되는 것, 이것이 내가 달리기를 하는 이유다. 하지만 머리에서 가슴으로 내려오는 데 그렇게 오랜 시간이 필요하듯 가슴에서 발로 가는 데에도 그만한 시간이 필요하다. 처음 달리기를 시작했을 때 가장 많이 들었던 말은 '할 일이 없어 그렇게 오래 달리느냐?' 혹은 '제정신이냐?' 같은 비아냥거림의 말이었다. 그렇다. 달린다는 것 자체는 생산적이지도 효율적이지도 않다. 오히려 많은 시간과 에너지를 낭비하는 것처럼 보이기 때문에 바보가 하는 일 같다. 그리고 한 번 풀코스를 완주한다고 해서, 혹은 개인 기록(PB: Personal Best)을 세운다고 해서 다음에도 그렇게 뛰리라는 보장은 없다. 오히려 모든 것을 잊고 새로 시작해야 하는 것이 마라톤이다. 항상 처음부터 다시 준비해야 하는 마라톤, 바보에게 어울리는 일이다. 이렇게 달리는 바보는 처음에는 달리는 사람들과 경쟁하지만 그다음에는 날씨, 언덕, 기록과 싸우다가 마침내는 자기 자신과 마주하게 된다. 가장 최고의 적은 자기 자신이며, 다른 모든 것은 아무것도 아니게 된다. 보통 사람은 관심도 두지 않을 보이지 않는 자신, 현재에 만족하고 안주하고픈 자신을 넘어서기 위해 러너는 목숨을 건다. 이런 사람을 바보라고 부르는 것은 어쩌면 당연할지 모르겠다. 하지만 누군가 같은 자리에 같은 모습으로 안주하지 않기 위해 끊임없이 도전한다면 그 모습이 때론 고결해 보이지 않을까!

    노자는「도덕경」33장에서 말했다. "남을 아는 것을 지智라 하고, 자신을 아는 것을 명明이라 한다. 남을 이기는 것을 유력有力이라 하고, 자신을 이기는 것을 강강이라 한다." 여기서 지智는 외향적 현상을 아는 것이고, 명明은 내성적 근원인 도를 살피는 것이다. 남을 이기는 자는 힘이 있다(有力)고 하지만 자신을 이기는 것이 참으로 강강한 것이다(自勝者強). 그래서 노자에게 강함이란 오히려 부드러운 것으로 남과 다투지 않는 것이다.

남과 경쟁하지 않고 오직 자신에게 집중하고 자신을 넘어서기 위해 애쓴다. 예수회를 창시한 이냐시오 성인 역시 자신의 현재에 만족하지 않고 '하느님의 더 큰 영광을 위하여'(Ad Majorem Dei Gloriam) 자신의 모든 것을 바쳤다. 달리기에는 항상 더 높은 목표가 있다. 개인 최고 기록을 세웠어도 다음에 더 빨리 달릴 수 있고, 최선을 다해 레이스를 마쳤어도 다음에 더 잘 달릴 수 있다. 모든 일에서 더 높은 목표를 향해 최선의 노력을 바치는 것, 달리기뿐만 아니라 일상을 살아가는 데에도 이와 다른 것이 있을 수 없다.

더 높은 어떤 것을 바라보며 더 성장하기 위해 매일 최선을 다해 달리는 바보, 그래서 달리는 바보의 삶은 단순하다. 자신이 세운 더 큰 목표에 비하면 세상의 다른 것들은 아무것도 아니기 때문이다. 톨스토이는 이것을 '쓸데없는 일'이라고 했다. "진정으로 일에 몰두하고 있는 사람은 모두 삶의 모습이 단순하다. 그들은 쓸데없는 일에 마음을 쓸 겨를이 없기 때문이다."

발 좋은 사람은 이런 생각도 한다. 발을 계속해서 움직이다 보면 가슴으로도 느끼고 머리로도 깨닫게 되지 않을까. 그래서 달리는 사람에게 인생 여정은 발에서 가슴으로, 그리고 가슴에서 머리로 가는 길이 될 수도 있다. 그리고 그 여정은 아무리 멀어도 한 번에 한 걸음씩 가야 한다. 울트라 마라톤 주자 소렌이 64세에 100마일(160킬로미터)을 완주하고 나자, 한 기자가 그에

지리산 장터목 산장에서, 2014년

게 "어떻게 그 나이에 100마일을 달릴 수 있습니까?" 하고 물었다. 그러자 그는 대답했다. "나는 100마일을 달리지 않습니다. 나는 1마일을 100번 달립니다." 한 번에 1마일에만 초점을 맞추며 달릴 때 그 먼 거리를 달릴 수 있는 것처럼, 발 좋은 사람 역시 한 번에 한 발씩, 한 번에 한 호흡씩, 한 번에 1킬로미터씩 달린다.

달리기는 완전한 인간을 만든다. 그 완전한 인간이란 완벽한 인간이 아니라 부족해 넘어지고 실패하지만 다시 일어나 털고 달려 나아가는 상처투성이인 인간을 말한다. 자신의 한계를 알면서도 그 한계에 계속 도전하기를 포기하지 않는 사람, 그래서 자신에게는 한없이 엄격하지만 다른 사람에게는 너그러운 사람이 달리는 사람이다. 이런 사람을 조지 시핸 박사는 다음과 같이 표현한다. "그는 가장 부드러운 사람이다. 조용하고 침착하며 좀처럼 말다툼을 하지 않는다. 그는 대립을 피하고 자신만의 세계에 머무른다. 그러나 마라톤이 시작되면 그는 호랑이가 된다. 그는 자신이 누구인지, 무엇을 할 수 있는지 발견하기 위해서 자신의 몸이 감당할 수 있는 끝까지 밀고 간다. 그는 자신을 고통의 가마솥으로 더 깊숙이 밀어 넣는다. 그것이 얼마나 어리석은 노력이든지 간에 불가피한 것을 가능하게 만든다" (*Running* 210-211).

이처럼 러너는 현상을 유지하는 데 만족하지 못하고 계속해서 도전하는 바보다. 남들이 인정하는 위치에 도달해도 편안히 그 자리에 안주하지 못한다. 항상 도전해야 할 것을 발견하기 때문이다. 최고의 몸으로만 도달할 수 있는 최고의 정신, 누구나 꿈꾸지만 누구도 쉽게 도달하지 못하는 깨달음, 오로지 달리기가 가르쳐 주는 것이다. 조지 시핸은 또한 이렇게 말한다. "달릴수록 더 달리고 싶다. 더 많이 달릴수록 달리기가 주는 깨달음, 가치, 매력을 가진 삶을 더 깊이 살 수 있다. 그리고 더 많이 달릴수록 나의 진정한 목표를 향해 나아가고 있다는 것을 더 확신할 수 있게 된다. 그것은 온전한 나 자신이 되는 것이다" (*Essential* 189).

피로 사회:
달리기는 행복

우리가 반복하는 것이 우리가 누구인지 드러낸다. 위대함이란 행동이 아니라 습관이다. ─아리스토텔레스

2019년 '살아있는 사람 15'는 청도 반시 마라톤 대회에 참가했다. 아쉽게도 군위 삼국유사 마라톤이 2018년을 마지막으로 없어졌기에, 청도본당 신부님의 전폭적인 도움을 얻어 대구에서 가까운 청도에서 10월 6일, 143명의 '살아있는 사람 15'가 모였다. 참고로 청도 반시는 전국에서 유일한 씨 없는 감을 말한다. 조선 명종 1년 박호 선생이라는 분이 평해군수로 있다가 귀향할 때 그곳의 토종 감나무를 들여와 청도 감나무에 접목해 새로운 품종의 청도 반시가 탄생했다고 한다. 덕분에 10

월의 청도 반시 마라톤 대회는 붉은 감으로 장관을 이룬다.

"그대가 받은 하느님의 은사를 다시 불태우십시오"(2티모 1,6)라는 주제로 우리에게 주어진 하느님의 은사에 대해 생각해 보고, 우리에게 주어진 큰 책임을 다시 돌아보는 시간이었다. 달리 말하면, '위대한 힘은 큰 책임이 뒤따른다'. 마라톤을 뛸 수 있다는 것은 큰 힘이다. 그리고 큰 힘에는 큰 책임이 따른다. 그러기 위해서는 자기 자신만을 위해 사는 '비겁함의 영'이 아니라 이웃과 하느님의 더 큰 영광을 위하여 하느님의 힘에 의지하여 '복음을 위한 고난에 동참'해야 한다(2티모 1,6-8 참조).

사실 위대한 힘은 유력한 사람이 아니라 성실한 사람에게서 비롯되고, 세상을 변화시키는 사람 역시 성실한 사람이다. 많은 사람이 자기 자신을 중심中心에 두고 살아간다. 하지만 하느님을 자기 삶의 중심에 두고 살아가는 사람은 하느님께 진정으로 우러나오는 정성스러운 마음으로 충성忠誠하는 사람이다. 나는 이것을 마음(心)의 한가운데(中) 하느님을 두고, 구체적인 현실에서 말씀(言)이신 예수님을 드러내는(成) 삶을 사는 것이라 생각한다. 달리 말하면 중中과 심心을 합하여 충성할 충忠을 만들고, 말씀言을 이룸成을 합한 참될 성誠을 실천하기에 나에게 신앙이란 '하느님께 충성忠誠하는 삶'이다. "저는 쓸모없는 종입니다. 해야 할 일을 하였을 뿐입니다"(루카 17,10). 아름다운 10월의 가을 하늘 아래 코스모스와 감나무 사이를 뛰면서 '살아있는

피로 사회: 달리기는 행복

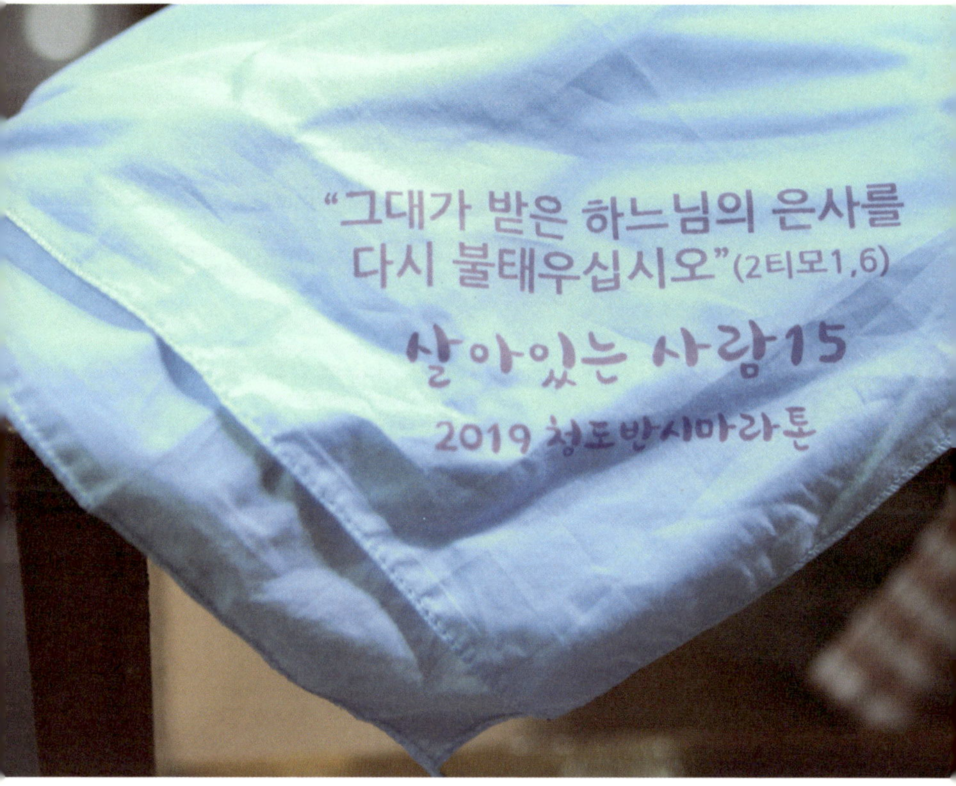

사람 15'는 하느님에게서 받은 은사를 불태웠다.

　천주교 신부가 술을 좋아한다고 하면 많은 사람이 눈을 크게 뜬다. 만일 그 신부가 직접 자기 방에서 술을 만든다면 어떨까? "신이 인간에게 내려 준 선물 중 포도주만큼 위대한 가치를 지닌 것이 없다." 철학자 플라톤이 했다고 알려진 말이다. 사실 가톨릭에서 포도주는 중요하다. 예수님께서 최후의 만찬 때 제자들에게 직접 빵과 포도주를 주시며 "나를 기억하여 이를 행하여라" 하고 말씀하셨기 때문이다. 그래서 사제는 매일 미사를 바칠 때마다 빵과 포도주를 예수님의 살과 피로 여기며 먹고 마신다. 아주 적은 양의 포도주이지만 그것도 못 마셔 금세 얼굴이 벌겋게 달아오르는 신부도 있지만 대부분의 신부는 그렇지 않다. 사제에게 술이란 신자들과의 친교를 위해서도 필요하다. 물론 너무 많이 마시지 않도록 절제하는 것은 본인의 몫이다.

　나에게 술이란 친교뿐 아니라 나 자신을 위한 것으로, 좀 더 정확히 말하면 맥주를 좋아하고 직접 만들어 마신다. 미국 유학 시절 전 세계 수많은 종류의 생맥주 맛을 보고 즐겼는데 한국에 돌아오니 단 한 종류의 맥주밖에 없었다. 라거Lager였다. 내게 한국 맥주는 몇십 년을 줄곧 시원한 목넘김, 혹은 청량감만을 강조하며 버텨 온 것 같았다. 시원한 라거만이 다가 아님을 아는 나는 '목마른 놈이 우물 판다'고 혼자 맥주를 만들기 시작했다. 자가 양조(홈브루잉)는 생각보다 어렵지 않다. 자가 양조 세트와 원액을 인터넷으로 구입해서 직접 효모를 넣고 발효시키면 3주 후에는 수제 맥주를 마실 수 있다. 그렇게 2012년부터 맥주를 만들기 시작했고, 2013년에는 '살아있는 사람'을 위해서 LP9(Living Person 9)이라는 맥주를 담갔다. 2014년에는 LP10(Living Person 10)과 같은 나만의 맥주를 만들어 마라톤 대회 전날 가든 파티 때에 마셨다. 에일Ale, 흑맥주인 스타우트Stout, 밀맥주 바이젠Weizen, 라거 가운데에는 단맛과 쓴맛이 잘 섞인 필스너Pilsner 등을 직접 만들어 '살아있는 사람'의 기운을 북돋았다. '살아있는 사람'들에게 나의 수제 맥주는 1년에 한 번 맛볼 수 있는 시그니처 음료가 되었다.

달리는 신부인 내가 맥주를 좋아하는 이유는 맥주가 달리기의 최고 음료이기 때문이다. 한 시간을 달리고 돌아와 씻고 직접 만든 맥주를 한 모금 들이켜면 바로 그때 나는 세상에서 가장 행복한 사나이가 된다. 달리기로 달궈진 몸에 들어가는 맥주는 그야말로 신이 내려 준 최고의 선물 가운데 하나다.

군위본당 주임신부로 발령을 받고 온 지 얼마 되지 않아 사제관에서 회의를 하고 있었다. 그런데 갑자기 "뻥" 하는 폭발음이 났다. 집무실이 물 폭탄을 맞은 것 같았다. 알고 보니 상자에 넣어 발효 중이던 '살아있는 사람'을 위한 맥주의 내압 페트병이 너무 오래되어 압력을 이기지 못하고 폭발한 것이다. 맥주를 좋아하는 신부에게서만 일어날 수 있는 사건이었다.

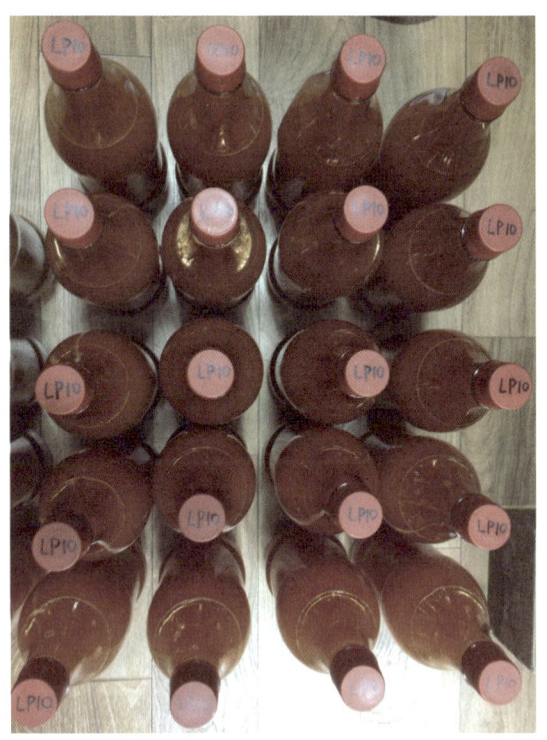

직접 담근 LP10, 2014년

성취감을 느끼며 행복한 인생을 살아가는 비결은 자신의 삶에서 우선순위를 잘 정하는 데 달려 있다고 해도 과언이 아닐 것이다. 하고 싶은 일, 해야 할 일, 주어진 일 가운데에서 '어떤 일에 우선순위를 둘 것인가?' 하는 질문은 누구나 한다. 이때 유용한 것이 '중요한 일'과 '시급한 일'의 두 가지 기준을 이용한 '시간관리 매트릭스'다. 아래의 표를 한번 보자.

	시급하지 않은 일	시급한 일
중요한 일	A 중요하지만 시급하지 않은 일	B 시급하고 중요한 일
중요하지 않은 일	C 중요하지도 시급하지도 않은 일	D 시급하지만 중요하지 않은 일

사람들은 대부분 시급한 일에 우선순위를 둔다. 일단 닥친 일을 처리해야 하기 때문이다. 그래서 정신없이 산 하루를 돌아보면 '시급하고 중요한 일(B)'은 별로 없고, 대부분의 에너지와 시간을 '시급하지만 중요하지 않은 일(D)'에 썼음을 쉽게 알 수 있다. 충만한 인생을 사는 사람은 '중요하지만 시급하지 않은 일(A)'에 관심을 둔다. 당장 나에게 필요하거나 눈에 띄게 드러나지는 않지만 멀리 보면 반드시 필요한 일에 시간과 에너지를 투자한다. 예를 들어, 마라톤 풀코스를 뛰는 것, 혹은 히말라야 트레킹과 같은 특별한 여행을 준비하는 것, 또는 외국어나 악

기를 배우는 것은 매일의 삶에서 시급한 일은 아닐지 모르지만 인생에서 중요한 일이다. 많은 사람이 입버릇처럼 늘 "바쁘다", "정신없다" 하고 이야기할 때 내가 달리기를 하면서 배운 것은 내 인생의 우선순위를 남들처럼 당장에 시급한 일에 둘 것이 아니라 시급하지는 않지만 중요한 일에 둘 때 충만한 삶을 살 수 있다는 것이다. 인생은 짧다. 언제까지 시급하지만 중요하지 않은 일의 뒤치다꺼리만 하며 살 것인가? 오히려 멀리 보면서 다른 사람들의 기대와 시선은 상관하지 않고 나에게 중요한 일을 찾아 꾸준히 에너지와 시간을 쏟아붓는다면 그때 자신만의 가치 있는 삶을 살 수 있다. 이처럼 나에게 일상의 달리기는 시급하지는 않지만 무엇보다 중요한 일이다.

현대인들은 피곤하다. 치열하게 노력해야 성공할 수 있는 성과 사회에서 끝없는 경쟁에 시달리며, 자신을 지키고 생존하기 위해 자기계발이라는 이름으로 자기 자신을 착취하고 있다. 이런 과다 경쟁은 스트레스를 일으키는데 거기다가 모든 사람이 당연시하는 멀티태스킹에 실패하면 낙오하고, 낙오하면 우울해지고, 우울해지면 술과 TV, 신경향상제에 의존하게 되어 결국 자신을 잃게 된다. 이 같은 '피로 사회'에서 삶의 낙이 없거나, 자신이 하는 일에서 의미를 못 찾거나, 사는 게 너무 힘든 경우에는 삶의 의욕뿐 아니라 자신감도 떨어지고 자기 자신에 대한 자존감도 낮아질 수밖에 없다. 이럴 때 달리기는 유익하다.

달리기는 몸을 상쾌하고 건강하게 만들 뿐 아니라 성취 가능한 목표를 달성함으로써 자신감까지 얻게 한다. 누구에게나 쉽게 찾아오는 무기력과 냉소주의를 극복하는 길은 어쨌든 신발 끈을 묶고 달리러 나가는 것이다. 이러한 소소한 승리가 거듭될수록 몸과 마음이 같이 건강해진다.

달리기를 열심히 하는 사람은 행복한 사람이다. 이들은 미하이 칙센트미하이 박사가 말한 '몰입'을 체험하기 때문이다. 몰입은 어떤 일을 열심히 하는 동안 몸과 마음이 조화롭게 작용하면서 경험하는 최상의 상태다. 다른 사람의 시선을 걱정하지 않고 내가 하는 일에 집중하다 보니 실제로는 길었지만 아주 짧게 느껴졌던 시간, 평화로운 마음에 갑자기 쏟아지는 눈물, 해맑은 얼굴에서 느껴지는 행복의 아우라 같은 것이 몰입의 형태들이다. 그리고 자주 몰입하는 사람일수록 더 큰 행복감, 더 큰 성취감을 느낀다. 그렇다고 달릴 때마다 몰입을 경험하는 것은 아니다. 때로는 정말이지 달리고 싶지 않은 날도 있다. 그런 날은 쉬어야 한다. 하지만 대부분의 날(거의 모든 날)은 무조건 밖으로 나가서 달려야 한다. 몰입을 경험하기 위해서라기보다는 '언제나' 달리는 것이 안 달리는 것보다 좋기 때문이다. 달리고 나서 후회하는 경우는 거의 없다.

행복한 달리기는 어디에서든 가능하다. 난 여행을 갈 때는 꼭 운동화를 챙긴다. 무라카미 하루키는 『먼 북소리』에서 말한

달리기를 통한 몰입

다. "여행지에서 그 동네의 길을 달리는 일은 즐겁다. 주변 풍경을 보며 달리기에는 시속 10킬로미터 전후가 이상적인 속도다. 자동차는 너무 빨라서 작은 것을 놓치기 쉽고, 걷기에는 시간이 너무 많이 걸린다. 동네마다 각기 다른 공기가 있고 달릴 때의 기분도 각각 다르다. 다양한 사람들이 다양한 반응을 보인다. 길모퉁이의 모습, 발자국 소리, 보도의 폭, 쓰레기 버리는 습관 등도 모두 다르다. 정말 재미있을 정도로 다르다. 나는 동네의 그런 정경을 바라보며 느긋하게 달리는 것을 좋아한다. 마라톤을 완주하는 것도 재미있지만 이렇게 달리는 것도 나쁘지 않다. 나도 살아있고 다른 사람들도 살아있음을 실감할 수 있다. 자주 잊어버린 채 살고 있지만."

부산 달맞이언덕에서 하룻밤을 머문 적이 있었다. 아침 일찍 일어나 달맞이길 동네 한 바퀴만이 아니라 동백섬까지 달려갔다 오니 해운대를 제대로 느낄 수 있었다. 제주도에서는 사려니 숲길을 달렸고, 우포늪도 뛰는 계절마다 맛이 달랐다. 한국에서 마라톤을 함께 뛰었던 동료 사제를 미국 LA에서 만났을 때는 산타 모니카 해변을 같이 달렸다. 동기 신부들과 성지순례를 할 때는 스페인 바르셀로나의 몬주익언덕을 뛰며 황영조를 떠올릴 수 있었다. 영화 「아웃 오브 아프리카」의 배경이 되었던 케냐의 카렌에서는 케냐 마라톤 선수들이 훈련하는 곳에서 뛴 적도 있었다. 케냐 선수들은 이처럼 해발 1,700미터가 넘는 곳에서 훈련하기 때문에 폐활량이 좋고 지구력이 뛰어난 세계적인 선수가 될 수 있다는 것을 직접 확인할 수 있었다. 한번은 동료 사제들과 몽골 여행을 간 적이 있는데 초원에서 달릴 생각으로 운동화를 챙겨 갔다. 하지만 달리기 위해 광활한 초원에 서니 어디로 달려야 할지 알 수 없었다. '끝없는 초원'('몽골'이라는 말의 의미) 앞에서 순간 방향감각을 잃고 인간의 미약함을 느끼면서 그냥 멈추고 머물러야 했던 적도 있었다.

　달리기는 기도다. 사제로 살아가며 피해 갈 수 없는 어려움, 나 자신에 대한 실망, 사람들에 대한 미움이 쌓일 때는 달려야 한다. 더 힘든 만큼 더 달려야 한다. 내가 느끼는 어려움과 실망, 미움의 크기만큼 몸이 탈진할 때까지 뛰고 나면 마음이 한결 부드러워진다. 그래서 나는 앉아서 하는 기도보다 달리면서 하는 기도를 더 좋아한다. 나로 가득 찬 마음과 몸이 달리기를 통해서 땀과 스트레스, 걱정과 미움을 밖으로 내보내면 그만큼의 빈 공간이 생겨나기 때문이다. 그 비움이 더 커질수록 하느님과 다른 사람이 내 안에 들어와 더 오래 더 깊게 머무를 수 있다. 조용히 달리면서 내가 어쩔 수 없는 나를 떠나보내고 내 안에 숨어 계시는 그분을 다시 발견하고 그분과 함께 달릴 때 달리기는 묵상이 된다. 달리는 동안 나는 늘 행복하다.

살아있기에 아름다운 사람 5   **박비오 신부님**

박비오 신부님은 기도하면서 달리는 사제입니다. 마라톤 풀코스를 처음부터 끝까지 저와 함께 완주한 유일한 사람으로, 같이 뛸 때 편안하고 즐거운 길동무입니다.
하느님 앞에서 온전히 살아있는 박비오 신부님은 달리기를 통해 하느님을 체험하며, '살아있음 자체로 기뻐하기'라는 글을 보내왔습니다.

내 생애 처음으로 '정서적 어둔 밤'을 겪은 해가 2009년이다. 그해 9월 하느님의 자비로 겨우 영적 활력을 회복했는데, 신학교 양성자로 발령이 났다. 간절히 원했던 본당 사목을 뒤로하고 신학교로 발길을 옮겼지만, 마음을 진정시키는 일이 녹록하지 않았다. 강태공이 세월을 낚듯 내게도 세월을 낚을 무엇이 필요했다. 그래서 뛰기 시작했다. 신학교의 규칙적인 일과가 규칙적인 훈련을 하는 데 도움을 주었다. 뛸 때는 내면의 욕구를 잊을 수 있었다. 참으로 단순하게, 지금-여기에 머물 수 있었다.

2014년 가을, 울트라 마라톤 이후 다친 무릎이 어느 정도 회복되었을 때, '살아있는 사람'을 알게 되었다. 달리기가 개인적 치유 차원에서 사회적 나눔 차원으로 옮겨 가는 순간이었고, 달리기로 누군가를 도울 수 있다는 사실이 매력적으로 다가왔다. 이레네오 성인의 "살아있는 사람이 하느님의 영광"이라는 가르침은 내게는 낯선 영성이었다. 그럼에도 불구하고 어느덧 내 안에도 달리기

에 대한 영성이 자리 잡았다. LA에서 지낸 4년간의 삶도 달리기로 견뎠으니까.

　아침에 일어나면, 가장 먼저 하느님께 찬미를 드린다. "Abba 하느님, 당신과 함께 호흡할 수 있는 오늘이 제 생애 최고의 날입니다. 제가 살아있음 자체로 기뻐하게 하소서. 저의 수고로 '그리스도의 남은 고난'(콜로 1,24)을 채우게 하시고, 저의 용서로 '그리스도의 평화'(요한 14,27)를 나누게 하소서."

　이런 찬미와 청원이 깊어지는 때가 달리기할 때다. 묵주기도를 바치며 뜀박질을 하다 보면, 나도 모르는 사이에 깊은 묵상에 이르게 되고, 어느덧 평화와 기쁨 안에 머물러 있음을 발견한다. 숨결로 지금-여기에 나와 함께 계신 분과 교류하는 시간이 내가 지닌 달리기의 의미이다. 나에게 하느님의 이름은 입술로 발음되는 이름이 아닌 코로 '숨 쉬어지는'(breathed) 이름이다.

 하느님께서 허락하시는 시간까지 쉼 없이 뛰고 싶다. 뛸 때 몸과 마음이 가벼워지고 시름이 잊히며 더욱 깊이 살아있음 자체로 기뻐할 수 있기 때문이다. 그리고 하느님 안에서 존재하는 모든 이들과 내가 하나임을 되새길 수 있기 때문이다. 기회가 되는 대로 '기도-달리기'의 영성을 나누고 싶다.

달리기:
몸에 대한 도전

당신의 동물적 본능에 충실한, 뛰어난 동물이 되라. ─D.H.로렌스

달리기를 하면 확실히 살이 빠진다. 달리는 사람 가운데 뚱뚱한 사람을 보기 어렵다는 것이 그 증거다. 달리기는 몸의 모든 부분을 사용하는 전신운동으로 꾸준히 하면 살이 빠지고 근육이 늘고 피부가 좋아진다. 그래서 건강만이 아니라 외모를 가꾸기 위해 달리기를 하는 사람도 많다. 하지만 결국 인간은 살이 찔 수밖에 없다. 그 이유는 간단하다. 우리의 몸은 음식 부족이라는 도전에 대처하면서 진화했기 때문에 몸은 자연스럽게 남는 연료(대부분 지방)를 음식을 못 먹을 때를 대비해서 저장한다. 그것도 기분 좋은 포만감으로 포상까지 하면서 말이다.

대니얼 리버만은 인간이 진화한 자연선택의 우선순위가 일반적으로 건강보다 번식이기 때문에 "우리는 건강하도록 진화하지 않았다"라고 말한다. 구석기 시대 수렵 채집인은 주기적인 식량 부족에 직면했고 몸을 많이 움직여야 했기 때문에 남는 지방을 저장하고 틈날 때마다 쉬도록 진화했다. 진화적 관점에서 보면 대부분의 다이어트와 운동 프로그램은 실패로 끝날 수밖에 없다고 말한다. 우울한 말이지만 한편으론 이해가 된다. 그래서 체중을 줄이는 일이 그렇게 어려우며, 운동을 하고 난 뒤에는 몸이 잃은 열량을 섭취하려고 더 맹렬하게 식욕이 일어난다는 사실을 말이다.

인간은 달리기에 적합한 생명체로 진화했다. 우리의 머리 뒤쪽에는 다른 유인원들에게 없는 적당한 크기의 목덜미 인대가 있다. 이 인대가 하는 일은 딱 하나다. 달릴 때 머리가 흔들리지 않도록 잡아 주는 일이다. 최초의 인류는 아프리카 평원에서 치타처럼 빠르지도 않았고, 사자처럼 힘이 있지도 않았다. 그래서 인류는 진화 과정에서 직립보행을 선택함으로써 자유로워진 두 손으로 도구를 사용할 수 있게 되었고, 두 발로 달릴 수 있게 되었다. 그것으로 우리 조상들은 네 발 보행의 속도, 힘, 민첩함을 포기하는 대신 수백만 년 뒤 도구 제작자와 오래달리기 선수로 진화했다. 네 발로 달리는 것에 비해서 두 발 달리기는 엄청나게 에너지가 많이 소모됨에도 불구하고 그것을 선택한 이유는 장점이 있기 때문이었다. 작열하는 열대의 태양 아래서 열을 적게 받는 데다가 땀을 흘림으로써 달리기 속도와 달릴 수 있는 거리를 대폭 늘릴 수 있게 된 것이다. 니나 자블론스키는 말한다. "인간을 오늘날의 인간으로 만든 것은 그저 그런 오래된 별 매력 없는 땀이다." 네 발 동물들은 대부분 헐떡임으로써 몸을 식힌다. 심하게 헐떡거리면서 달린다는 것은 불가능하기에 대형동물은 15킬로미터도 달리지 못하고 지친다. 하지만 거의 맨살에서 물기 있는 체액이 스며 나오는 우리의 몸은 땀이 증발하면서 몸을 식힘으로써 우리를 일종의 살아있는 에어컨으로 만든다. 울트라 마라토너가 적당히 서늘한 날에 96킬로미터 이상을 지속적으로 달린다면 땀으로 배출되는 수분의 양만 9킬로그램에 이른다고 알려져 있다.

　이와 같은 몸의 진화와 더불어 인류는 살아남기 위해서는 다른 동물보다 더 빨리 달리는 것보다 더 오래 달리는 것이 적합하다는 것을 깨달았다. 그래서 합심해서 사냥감을 공격하고 지칠 때까지 몰아가거나 상처 입은 먹이가 쓰러질 때까지 계속 쫓아갔다. 거기다가 인간이 지닌 먹잇감을 쫓는 추적에 대한 열정은 인간을 쉬지 않고 달리게 했다. 그들은 피로와 고통을 느낄 때조차 추적과 탐험, 승리에 대한 열정으로 멈추지 않았다. 이처럼 달리기는 생존을 위한 활동일 뿐 아니라 인간의 몸에 새겨진 사냥의 본능과 쾌감을 일깨운다.

하지만 30억 년에 걸쳐 다듬어진 인간의 생물학적 진화는 현대에 들어 문화적 진화에 의해 압도당하고 있다. 인간은 더 이상 달리기에 적합한 생명체가 아니다. 인간이 선택한 생활 방식과 생활 습관은 사람의 몸에 부정적인 영향을 주고 있는데 대표적인 것이 과체중과 운동 부족이다. 좀 더 살펴보자.

2006년 처음으로 전 세계의 과체중 인구수가 영양 부족에 시달리는 인구수를 앞질렀다고 한다. 8억 명이 영양 부족이라면 10억 명이 과체중이나 비만에 시달린다는 것이다. 배를 곯던 시대가 끝나고 먹을 것이 너무 많아진 현실은 해피엔딩이 아니라 우리 몸에 새로운 문제를 야기했다. 세계보건기구에 따르면, 2019년 미국인 남성은 80퍼센트 이상, 여성은 77퍼센트가 과체중이며, 그중 35퍼센트는 비만이라고 한다. 1988년만 해도 비만 인구는 23퍼센트였다. 거의 같은 기간에 미국 아동의 비만율은 두 배, 청소년은 네 배로 늘었다. 이 문제는 미국만의 것이 아니다. 전 세계의 비만율이 13퍼센트인데 OECD 국가의 비만율은 평균 19.5퍼센트다. 그 가운데 멕시코는 과체중이거나 비만인 인구 비율이 1988년에서 1999년까지 단 11년 동안 33.4퍼센트에서 59.6퍼센트로 거의 두 배가 되었다. 더 심각한 전망은 2025년에는 전 세계 인구의 3분의 1(약 27억)이 과체중 또는 비만이 될 것이라고 한다. 이렇게 된 주된 이유는 개인이 욕망을 자극하는 수많은 음식 앞에서 절제하지 못해서, 곧 의지가 약해서가 아니라 우리 환경이 대단히 '비만 지향적'으로 변했기 때문이다.

　인간은 진화 과정에서 떠도는 유목민으로 오랫동안 수렵을 해 왔다. 그러다가 한곳에 정착하여 농사를 짓고 가축을 키우면서 안정적으로 먹을 것을 더 많이 생산할 수 있었고 그 때문에 인구가 급격히 늘어났다. 시간이 흘러 농업혁명과 산업혁명을 거쳐 발전을 거듭하면서 식품에도 산업화가 이루어졌다. 예를 들어, 당은 예전에는 꿀에서 유일하게 얻을 수 있었는데 18세기 노예 농장에서 시작해서 산업화된 사탕수수가 대량으로 재배되면서 가공된 설탕이 일반화되었다. 1970년대에 옥수수에서 고과당 시럽을 만들어 내면서 당의 가격은 백 년 전의 5분의 1이 되었다. 당의 양은 엄청나게 풍부해지고 그 가격은 엄청나게 내려간 덕분에 미국인은 연평균 45킬로그램 이상의 당을 먹는다. 너무 많은 당(탄수화물을 포함하여)이 너무 빠르게 몸으로 공급되니 우리 몸의 소화계는 남는 것을 내장 지방으로 저장하고 이 때문에 뱃살이 찔 수밖에 없다. 이와 같은 비정상적 식생활에 음주, 흡연, 스트레스가 추가되면 솔직히 살이 찌는 속도를 운동으로 따라잡기는 어렵다.

　우리는 도무지 몸을 움직이지 않는다. 오늘날 미국인은 하루에 평균 500미터를 걷는다고 한다. 적당한 수준으로 규칙적인 운동을 하는 사람은 20퍼센트에 불과하다. 우리의 조상들이 하루 식량을 얻기 위해 느리거나 빠르게 하루에 약 31킬로미터를 걸었던 것에 비하면 우리는 거의 움직이지 않는 편이다. 하지만 규칙적으로 걷기만 해도 심근경색과 뇌졸중 위험이 31퍼센트 줄어든다. 2012년에 65만 5천 명을 조사했더니, 40세를 넘은 사람들이 하루에 단 11분만 운동을 해도 기대수명이 1.8년이 늘어났으며, 하루에 한 시간 남짓 운동을 하면 4.2년이 더 늘어났다고 한다. 거기다가 현대인들은 보통 일주일에 약 70~100시간을 앉아서 보낸다. 10년 중 4~6년에 해당되는 시간인데 이것은 수면 시간이나 어떤 일을 하는 것보다 더 길다. 인간의 몸은 수렵과 채집에 걸맞게 진화했으며 매일 왕성한 활동을 하는 가운데 쉬면서 먹을 때는 주로 쪼그려 앉아서 먹었다. 하지만 오늘날 어디에나 있는 의자의 역사는 놀라울 정도로 짧지만 모든 사람이 의자의 노예가 되었다. 방구들 문화가 익숙한 한국인마저 이제 방바닥에 오래 앉아 있는 것을 힘들어하기 때문에 식당은 의자가 있는 테이블로 바꾸지 않으면 장사가 잘 안 될 정도라고 한다. 의자의 편리함 속에 갇힌 우리는 육체적 활동을 잃어버리고 몸은 급속히 무너지고 있다. 척추 모양의 변화와 척추 근육의 불균형은 요통을 일으키고, 관절염과 평발이 급속히 늘고, 사용하지 않는 뼈와 근육은 점차 몸을 약하고 무능력하게 만들고 있다. 그래서 '앉아 있기라는 질병은 침묵의 살인자'라는 말까지 있다. 미국 암 학회의 연구 결과에 따르면,

하루에 여섯 시간 이상 앉아 있을 경우 세 시간 미만 앉아서 생활하는 사람보다 사망할 확률이 37퍼센트 이상 높다고 한다. 건강하게 살기 위해서는 자주 일어나 움직여야 한다.

2011년, 인류는 흥미로운 역사적 이정표를 지났다. 인류 역사상 처음으로 심정지, 뇌졸중, 당뇨병, 고혈압 등 비감염성 질환으로 사망한 사람이 결핵, 에이즈, 메르스, 코로나 바이러스(지금은 비록 코로나19가 창궐하고 있지만)와 같은 감염병 사망자보다 많아진 것이다. 우리는 앞으로 다른 원인들보다 생활 습관으로 죽을 가능성이 더 높은 시대에 살고 있다. 당장은 드러나지 않지만 어떻게 죽을지 사실상 스스로 선택하는 셈이다. 우리 몸은 지나치게 쓰지 않는 것에도, 너무 잘 먹는 것에도, 너무 편하고 너무 깨끗한 것에도 잘 적응되어 있지 않다. 의료 및 위생 분야에서 이룩한 최근의 발전에도 불구하고, 더 많은 사람이 과거에는 드물었거나 몰랐던 다양한 질병인 비감염성 질환에 걸린다. 경제 발전으로 인한 환경오염과 지구온난화는 생태계를 파괴하며 해로운 변화를 초래함으로써 암, 알레르기, 폐 질환, 피부병, 우울증 같은 현대의 질병은 계속 증가하고 있다. 앞으로의 세대는 부모보다 더 오래 살지 못하는 첫 번째 세대가 될지도 모른다.

중요한 것은 살이 안 찌는 것보다 건강한 인간으로 사는 것이다. 그렇게 되기 위해서는 운동을 해야 한다. 매일 걷고 뛰고 몸을 움직여야 살이 찌게 되어 있는 우리 몸을 조절할 수 있다. 규칙적으로 운동하는 사람은 자신감을 가지게 되고, 몰입하면 매력 있는 사람이 된다. 결국 살을 빼서 되고 싶은 모습이 바로 이것이 아닌가. 해답은 운동이다.

사람은 몸이다

새는 날고, 물고기는 헤엄치고, 인간은 달린다. ＿에밀 자토펙

  오랜 시간 달리면서 깨닫는 것은 이제는 마라톤이 하나의 이벤트나 건강을 위한 운동이 아니라 내 삶의 일부가 되어 나라는 존재를 형성하는 데 중요한 요소가 되었다는 점이다. 미국에서 8년을 지내면서 가장 잘한 일 가운데 하나는 달리기를 시작한 것이다. 달리기는 지금의 나를 만들었다. 습관과 한계, 타성에 젖어드는 유혹에 곧잘 빠지기 쉬운 나라는 존재에게 달리기는 끊임없이 몸과 마음에 새겨야 할 것을 가르쳐 주었다. 가만히 있으면 금방 잊었을 것을 몸에 새기고 기억하는 방법이 달리기였고, 바로 나를 살아있게 하는 삶의 중요한 일부가 되었

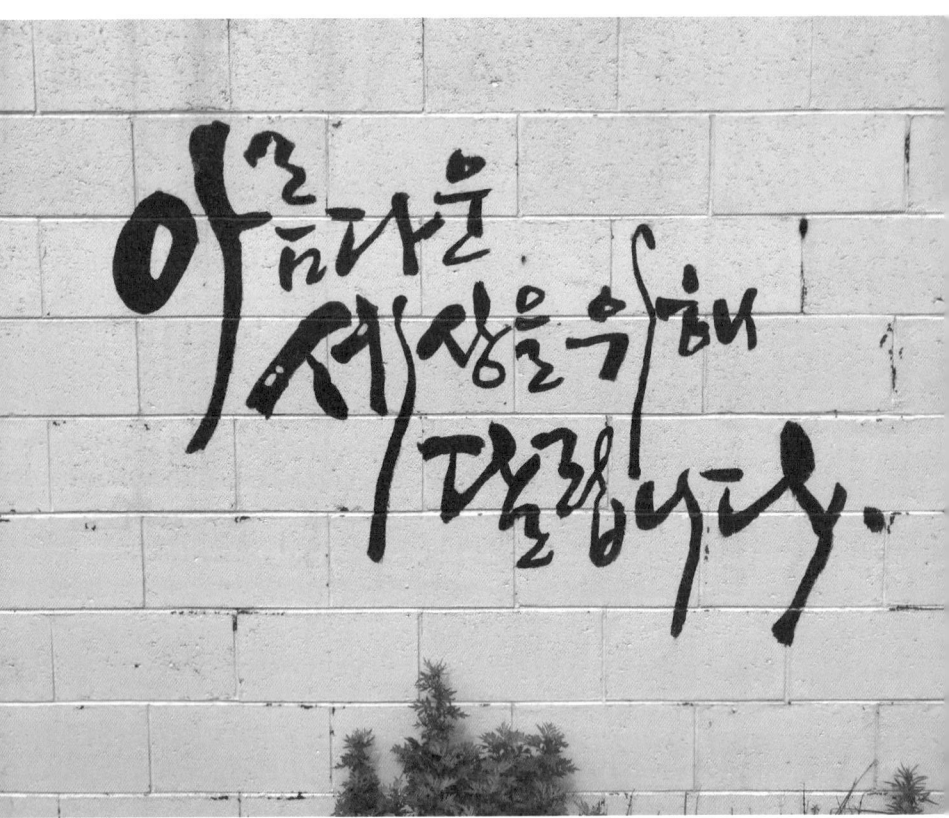

다. 달리기는 또한 '목표 없이 달리지 않는 것'(1코린 9,26 참조)을 통해 목표 없이 살지 않는 것을 가르쳐 주었다. "달리기하는 시간에 다른 좀 더 건설적인 일을 하는 게 어떻냐?" 하고 말하는 사람들에게 나는 지금까지 달리기보다 더 건설적인 일을 찾지 못했다고 말하고 싶다.

그런데 그 길에서 반드시 거쳐야 하는 것이 있다. 육체적 고통이다. 통증에 관한 연구에 따르면 통증 역치(Pain threshold)와 통증 내성(Pain tolerance)을 구분한다. 통증 역치란 처음으로 그 상황을 고통스럽다고 표현한 시점이다. 통증 내성이란 포기하기 전에 그 고통스러운 상황을 얼마나 오래 견디는가다. 러너들은 통증 내성에서 강점을 발휘한다. 달리는 일은 몸에 고통스럽다. 하지만 의지를 가지고 몸을 계속 단련하면 고통은 견딜 만한 것이 된다. 실제로 몸의 근육을 움직이는 주된 에너지원은 글리코젠Glycogen인데 탄수화물을 섭취할 때 인체에 생성되고 축적된다. 사람마다 조금씩 차이는 있겠지만, 인체에 저장할 수 있는 글리코젠은 보통 2,000킬로칼로리인데 마라톤 풀코스에 소모되는 에너지는 2,500킬로칼로리다. 그러니 마라토너는 누구나 대개 32킬로미터 지점에서 글리코젠을 다 소모해 벽에 부딪히게 되고, 그때 고통을 느낀다. 준비가 되지 않은 러너는 포기할 수밖에 없는 상황에 이르지만 미리 준비한 러너는 그 순간을 어렵지 않게 넘어갈 수 있다. 고통을 피할 수는 없지만 대비할 수는 있다. 여기서 대비란 장거리 달리기 연습과 체력 훈련, '탄수화물 축적 식사 요법'(Carbohydrate loading) 등을 통해서 가능하다.

하지만 이 지점에서 무엇보다 중요한 것은 몸과 함께하는 마음이다. 몸은 어쩔 수 없이 육체적 고통을 감내해야 하지만 정신은 그 고통을 어떻게 받아들일 것인지 선택할 수 있다. 즉 고통(pain)과는 다른 고난(suffering)을 어떻게 바라보는가 하는 마음의 자세에 따라서 레이스가 달라질 수 있다. 무라카미 하루키는 말했다. "육체적 고통은 피할 수 없지만 고난은 선택할 수 있다." 장거리를 계속 뛰면 육체적 충격은 피할 수 없으며 그것이 쌓이면 고통을 느끼지 않을 수 없지만 그것을 어떤 고난으로 받아들일지는 러너에게 달려 있다. 예수님께서 엠마오로 가는 제자들에게 하신 말씀도 이런 맥락에서였다. "그리스도는 그러한 고난을 겪고서 자기의 영광 속에 들어가야 하는 것이 아니냐?"(루카 24,26). 십자가 없는 부활, 죽음 없는 생명, 어둠 없는 빛이 없듯이 고난 없는 영광 또한 있을 수 없다. 예수님께서 부활하기 위해서 맞아들여야 했던 십자가는 피할 수 없는 육체적 고통이었을 뿐만 아니라 인간을 위해 스스로 자유롭게 짊어지신 고난이었다. 마찬가지로 러너 역시 육체적 고통 속에서 스스로 선택한 고난을 기꺼이 감수하며 계속 뛴다. 그러다 보면 보통 때는 상상할 수 없는 감정에 도달하게 되는데 이것을 '러너스 하이', 곧 몸에서 분비되는 엔도르핀이 상승하면서 일종의 희열감을 느끼게 되는 상태에 이른다. 그때는 지금까지와는 다른 '새로운 활력'(Second wind)을 찾게 된다. 이것은 어쩌면 고난을 스스로 선택한 자에게 주어지는 '영광'의 일부가 아닐까!

　몸은 이야기를 한다. 우리 몸은 자신이 누구인지 말해 준다. 부모가 누구인지, 어디서 어떻게 성장했는지, 건강한지, 그리고 얼마나 살 수 있는지까지 몸은 말하고 있다. 다만 몸에 주의를 기울이는 사람만이 그 이야기를 들을 수 있다. 몸처럼 우리 존재에 대해 많은 이야기를 하고 있는 것이 없는데, 많은 이에게 몸이란 자동차와 별반 다르지 않다. 그들은 몸을 그저 필요할 때마다 잘 쓰고 고장과 사고 없이 오래 유지 관리하면서 자신의 존재를 드러내기 위해 좋고 특별하게 보이도록 만드는 데에만 관심이 있다. 재미있는 것은 우리 몸에서 가장 큰 기관인 피부의 바깥 표피는 각질층인데 전부 죽은 세포로 이루어져 있다. 우리가 그토록 잘 보이고 싶어 하는 것, 우리를 사랑스러워 보이게 하는 것이 모두 죽은 것이라니 흥미롭지 않은가. 이 바깥 피부 세포들은 매달 교체되는데 1분에 약 2만 5천 개, 즉 한 시간에 백만 개가 넘는 피부 조각이 떨어져 나간다. 손가락으로 책꽂이에 내려앉은 먼지를 죽 훑으면 대부분 한때 자신의 몸이었던 것의 잔해일 것이다. 우리는 소리 없이 그리고 냉혹하게 먼지로 변해 간다. 그렇지만 사람들은 무지한 가운데 속은 외면한 채 겉만 꾸미고, 안은 모른 채 밖만 아는 척한다. 정말 뼛

속까지야 알 수는 없다고 하더라도 몸을 제대로 알지 못하고서는 자신을 안다고 말할 수 없다.

구원 역시 몸에서 시작된다. 베네딕도 16세 교황님은 『하느님은 사랑이십니다』에서 이렇게 말씀하신다. "그리스도의 찔린 옆구리를 바라볼 때 우리는 비로소 하느님은 사랑이심을 깨닫게 됩니다. 바로 거기에서부터 사랑에 대한 우리의 정의는 시작되어야 합니다." 십자가에 매달리신 예수님의 옆구리, 바로 그곳에서 우리는 하느님께서 당신의 하나뿐인 아들의 살과 피를 우리를 위해 내어 주심을 목격했다. 바로 그곳에서 우리는 참된 사랑이 무엇인지 알게 되었다. 성경은 말한다. "그분께서 우리를 위하여 당신 목숨을 내놓으신 그 사실로 우리는 사랑을 알게 되었습니다"(1요한 3,16). 구원을 가져다주는 사랑은 실재했던 한 사람의 몸을 통해 우리에게 주어졌으며, 우리 역시 사랑하라고 주어진 몸을 가지고 있다.

"이는 너희를 위하여 내어 주는 내 몸이다"(루카 22,19). 예수님의 삶은 이 한 문장에 담겨 있다. 예수님은 우리를 위하여 자신의 몸을 내어 주신 '하느님의 어린 양'이시다. 그분께서는 자신의 몸을 통해 당신의 모든 것을 우리에게 선물로 주신다. 바오로 사도는 증언한다. "그리스도께서는 세상에 오실 때에 이렇게 말씀하셨습니다. '당신께서는 제물과 예물을 원하지 않으시고 오히려 저에게 몸을 마련해 주셨습니다.' … '보십시오, 저는 당신의 뜻을 이루러 왔습니다' 하고 말씀하십니다. … 이 '뜻'에 따라, 예수 그리스도의 몸이 단 한 번 바쳐짐으로써 우리가 거룩하게 되었습니다"(히브 10,5-10).

성 요한 바오로 2세 교황님은 성체성사로 예수님께서 '몸의 언어'를 완성하신다고 말씀하신다. 자신의 몸을 완전히 내어 주심으로써 세상에 대한 하느님의 사랑을 드러내고, 인간에게 자신이 누구인지, 그리고 삶의 의미를 발견할 수 있는 사랑의 길을 열어 주신 것이다. 달리 말하면, "인간은 자기 자신을 성실하게(아낌없이) 선사하지(내어 주지) 않으면 자신을 완전히 발견할 수 없다." 이렇게 자신의 몸을 타인을 위해 내어 줄 때에야 인간은 참된 자신이 누구인지 깨닫게 되며, 몸과 영혼이 함께 구원받을 수 있다.

자기 자신을 타인을 위해 기꺼이 내어 주는 행위는 성체성사에서 가장 잘 드러난다. 매일 성체성사 안에서 기꺼이 내어 주시는 예수님의 살과 피를 먹고 마시는 것은 그리스도인에게 가장 중요한 삶의 요소다. 성체성사를 통해 영혼을 위한 일용할 양식을 얻는 것이다. 그런데 이것이 영적 차원에만 머물면 성체성사의 완성으로 나아갈 수 없다. 영과 육, 마음과 몸의 일치가 진정한 삶이며, 사랑이란 머리로 하는 것이 아니라 하느님의 아들이 무릎을 꿇고 제자들의 발을 씻어 주신 것처럼 구체적인 현실이기 때문이다. 자신을 내어 주는 사랑은 입이 아니라 심장에 가깝고, 말이 아니라 행동에 달려 있다. 그러므로 예수님의 몸을 받아 모시는 그리스도인은 자신의 몸으로 예수님처럼 살아가도록, 곧 그분처럼 변화되도록 초대받고 있다. '살아있는 사람'이 달리기를 통해 자신의 몸을 이웃을 위해 내어 주는 것 또한 예수님께서 보여 주신 성체성사의 삶을 사는 것이다. 그렇게 성체성사 안에서 창조주의 선물인 예수님의 몸을 받아 모시고, 변화된 자신의 몸을 타인을 위해 내어 주면 자신의 몸이 하느님께서 머무르시는 곳, 곧 '성령의 성전'임을 깨닫게 된다. 바오로 사도는 말한다. "여러분의 몸이 여러분 안에 계시는 성령의 성전임을 모릅니까? 그 성령을 여러분이 하느님에게서 받았고, 또 여러분은 여러분 자신의 것이 아님을 모릅니까? 하느님께서 값을 치르고 여러분을 속량해 주셨습니다. 그러니 여러분의 몸으로 하느님을 영광스럽게 하십시오"(1코린 6,19-20).

사람은 몸이다. 몸 없이 마음만으로 되는 일은 없다. 그런데도 사람들은 몸은 돌보지 않고 불안한 마음만 계속 바라보며 힘들어하고 실망하고 절망한다. 건강한 몸에 건강한 정신이 자라듯이 먼저 자신의 몸에 귀를 기울이고 몸을 잘 돌보는 것은 고결한 정신을 지니기 위한 첫걸음이다. 그 과정에서 달리기와 같은 운동은 몸에 꼭 필요한 일이다. 더 나아가 몸이 느끼는 모든 것, 그 가운데서 제대로 살아있기 위해서 피할 수 없는 고통을 통해서 삶의 의미와 구원의 신비를 깨닫는다면 몸은 바로 구원의 시작이 된다. 예수님께서 그렇게 하셨듯이 우리도 누군가를 위해 내어 줄 몸이 있다. 그 몸으로 자신을 바쳐 이웃에게 사랑을 보여 주고 하느님의 영광을 드러낼 수 있다. 몸은 사람을 구원한다.

살아있기에 아름다운 사람 6   **윤현지 요안나 프란체스카**

2012년 한국에서 처음으로 뛴 '살아있는 사람 8'부터 지금까지 한 번도 빠지지 않고 달리고 있으며, 매년 '살아있는 사람'의 기획과 운영 및 실행까지 실제적인 모든 일을 도맡아 하고 있는 '늘푸른' 살아있는 사람 윤현지 요안나 프란체스카를 소개합니다.

저는 윤현지 요안나 프란체스카라고 합니다. 매년 '살아있는 사람'들과의 만남을 손꼽아 기다리는 수많은 '살아있는 사람'들 중 한 명입니다. 첫 번째 마라톤을 신청하던 날이 생생하게 기억납니다. 거창한 이유로 마라톤을 신청한 것은 아닙니다. 나름 치열했던 직장 생활을 정리하고 동네에 작은 커피점을 오픈한 지 1년쯤 되었을 무렵, 저는 매일 살고 싶다는 생각을 했습니다. 숨을 쉬고, 먹고, 자고, 울고, 웃고 살아가고 있었지만 무엇이 저를 지탱하고 있는지, 왜 살아야 하는지에 대한 의문이 들었던 때였습니다.

그때에 매년 '살아있는 사람'이라는 이름으로 마라톤에 나가신다는 이상하지만 이상하지 않은(?) 김성래 신부님을 만났습니다. 그리고 2012년 10월 경주에서 저의 첫 번째 마라톤이 시작됩니다. '살아있는 윤현지'를 확인하기 위해 마라톤을 신청했고 용감한 형제님들과 함께 저는 연습 없이 무모하지만 '무작정 달리기'를 해냈습니다. 본능적인 뜀박질은 제법 할 만했습니다. 지금 생각해 보면 아무것도 몰랐기 때문에 무서울 것이 없었고 함께이기 때문에 용감했던 것 같습니다.

　매번 마라톤 시작을 알리는 총성이 울리면 달리는 것의 의미와 스스로에게 한 다짐을 생각하며 달리기를 시작합니다. 어느 순간이 지나고 나면 그 의미와 다짐은 기억나지 않고 식수대에 놓여 있는 물과 간식이 기다려지고, 몇 킬로미터를 달렸는지 안내하는 안내판을 기다리고 지나온 길을 확인하며 한숨을 쉬기도 합니다. 그래도 계속 달립니다. 마라톤을 하다 보면 맞은편에 달리고 있는 낯선 마라토너를 보며 응원을 보내기도 하고 아는 이들이 지나가면 큰 소리로 응원을 하기도 합니다. 서로를 위한 응원의 소리들과 사람들의 가쁜 숨소리는 어떤 음악 소리보다 경쾌합니다. 그러다 보면 팔과 다리가 달리기를 이어 갑니다. 힘들다고 느껴질 때쯤이면 뒤를 힐끗힐끗 봅니다.

제 경우는 늘 얼마 남지 않은 경쟁자들(?)과 서로 눈치를 보며 엎치락뒤치락하는 경쟁적 달리기로 이어질 때가 많았습니다. 그렇게 몇 년을 달리고 알았습니다. 한계는 있지만 멈춤은 결코 있을 수 없다는 것과 꼴찌는 부끄러운 게 아니라는 것을요.

    달리는 와중에도 살아있다는 것에 대한 감사는 끊임없이 느낄 수 있습니다. 팔과 다리가 움직이고 있다는 것, 숨이 쉬어진다는 것, 아름다운 풍경들 속에서 뛸 수 있다는 것, 특히 매 마라톤을 함께하는 수많은 '살아있는 사람'들과의 하루는 삶에 대한 또 다른 감사로 이어집니다. 각자 나름의 이유로 달리기를 시작했겠지만 자신만의 레이스에 저처럼 살아있는 순간의 감사를 느꼈으리라 생각됩니다.

    마라톤을 뛰는 날은 맑고 밝고 따뜻했습니다. 물론, 춘천 마라톤에는 비와 함께, 제주 마라톤에는 바람과 함께였지만 10월의 마라톤은 늘 '10월의 어느 멋진 날'을 만들어 주었습니다. 2012년 10월, 첫 마라톤을 시작으로 지금까지 쉬지 않고 달리고 있다는 것은 제가 살아있는 사람이기 때문입니다. 달리는 것을 멈추고 싶을 때도 있었습니다. 하지만 가쁜 숨을 내쉬면서 느껴지는 타는 듯한 목마름이 또 살아야겠다는 목마름이 되어 달리기를 멈추지 못하고 있다는 생각이 듭니다. 앞으로도 '살아있는 사람'이라는 우리들의 이름처럼 제가 살아있는 동안 저의 마라톤 여정은 계속되겠지요? 살아있는 우리 모두 또 만나 달립시다.

'살아있는 사람'

살아있는 사람은 하느님의 영광입니다. _이레네오 성인

지금까지 지난 16년 동안의 '살아있는 사람'에 대한 이야기를 나누었다. 생각할수록 살아있음은 당연한 것이 아니다. 심장이 뛰고 냄새를 맡고 하늘을 보고 새소리를 듣고 호흡을 할 수 있다는 것은 살아있는 존재에게만 주어진 특별한 것이다. 유기체인 몸이 어느 한 부분이라도 제대로 작동하지 않으면 당연한 것 같은 살아있음은 유지되기 어렵다. 손톱 밑에 가시라도 하나 박히면 도대체 다른 것을 생각할 수 없는 것이 인간이다. 그런데 많은 사람이 살아있음을 당연한 것으로 여긴다. 심장은 영원히 뛰고 몸은 원하는 대로 계속 제 기능을 할 것처럼 산다. 그런 사람들, 곧 살아있지 않음을 한 번도 생각해 보지 않은 사람들에게 '살아있는 사람'에 대해 이야기하는 것은 쉽지 않다.

    2005년, 처음 마라톤을 준비할 때, 이레네오 성인의 말씀을 읽고는 내가 갈 길은 바로 '살아있는 사람'임을 깨달았다. 마라톤을 통해 몸이 살아있음을 느끼고, 거기에서 멈추는 것이 아니라 남을 위해 땀을 흘릴 때 '살아있는 사람'은 하느님의 영광을 드러내는 목표까지 가지게 된 것이다. 그리고 그 길에서 더 깊고 더 진하게 '살아있는 사람'들을 많이 만났다. 그들은 나에게 영감을 불러일으켰으며 '살아있는 사람'이 자라도록 도와주었다. 제때 제대로 살지 못하고 죽은 듯 사는 많은 사람 가운데 그들은 그 자리에서 죽을 듯 살며 '살아있음이란 바로 이런 것이다!' 하고 보여 주었다.

    지미 멘크하우스는 존 캐럴 대학에서 만났다. 그는 박사 과정에 있었던 강사로 철학과 신학을 가르칠 뿐만 아니라 교목실 활동에도 적극적으로 참여해서 교목 신부인 나와 친구가 되었다. 처음에는 몸이 좀 약해 보일 뿐 적극적으로 '살아있는 사람'에 참여해 잘 몰랐는데 나중에 그가 낭포성 섬유증이라는 희귀성 난치병을 앓고 있다는 것을 알게 되었다. 그래서 지미는 조금만 뛰어도 얼굴이 붉어지며 숨이 찼고 가래가 자주 끓었다. "하상바오로 신부님, 한때는 서른 살도 못 넘길 것이라고 했다

기도하는 '살아있는 사람 7', 2011년

는데 지금은 마라톤을 뛰고 있다니 대단하지 않나요?" 하며 그는 웃으며 이야기했다. 지미는 남보다 느렸지만 어떻게든 계속해서 달렸고 몇 번의 하프 마라톤을 성공적으로 마쳤다. 그러더니 2011년 '살아있는 사람 7'로 풀코스 마라톤에 도전했다. 모두의 걱정과 염려를 뒤로하고 지미는 풀코스를 남들처럼 완주하고는 말했다. "풀코스는 다시는 못 뛸 것 같아!" 지미는 나를 'Running Father'(달리는 신부)라고 불렀고 나는 그를 'Running Doc'(달리는 박사)이라고 불렀다. 지미는 이제 다른 곳에서 신학을 가르치면서 학생들과 함께 매년 디트로이트에서 열리는 '록시에프 마라톤 대회'를 '살아있는 사람'으로 뛰고 있다. 이 대회는 낭포성 섬유증이라는 희귀성 난치병을 알리고 치료비를 모으기 위해 마련된 대회다. 자신도 난치병 환자이면서 다른 아픈 이를 위해 매년 죽을힘을 다해 하프 마라톤을 뛰는 '달리는 박사 지미'는 진정 '살아있는 사람'으로 하느님의 영광을 드러내고 있다.

한국에서 만난 '살아있는 사람' 가운데 같이 뛰리라고 상상해 본 적도 없던 사람들이 있다. 바로 수녀님들이다. 처음에는 젊은이들과 함께하고자 참석한 수녀님들이 매년 늘어 갔다. 2014년에 일곱 분, 2015년에 열일곱 분으로 늘었고 그 가운데 세 분은 하프 마라톤을 완주했다. 수도복을 입고 마라톤을 뛴다는 것 자체가 놀라운데 그것도 하프 마라톤까지 뛰는 것을 보며 참으로 대단하다고 생각했다. '부끄러워서', '시간이 없어서', '장비가 갖춰지지 않아서' 뛰지 못한다고 말하는 사람들에게 수녀님들의 달리는 모습은 놀라움과 영감을 불러일으킨다. 머리에 베일을 쓰고 전통적인 수도복을 그대로 입은 채 달리는 모습만이 아니다. 공동체 수도생활 가운데 따로 연습할 시간을 내기도 어렵고 시간이 있어도 마음대로 뛰러 나갈 수도 없다. 제대로 된 신발 하나라도 갖추면 그것이 전부인 수녀님들은 달리기는 능력이 아니라 마음의 문제이며 모든 것이 가능하다는 것을 보여 준다. 그들 내면에 담긴 하느님과 이웃에 대한 사랑의 열정은 흔히 세속적인 방법으로 드러나는 것이 아니었다. 하지만 달리는 수녀님들을 보며, '달리기 선수에게 마라톤은 종교가 아니다. 그것은 일과 놀이, 사랑과 종교를 함께 가져오는 종교적 행위'임을 깨달을 수 있었다. 수녀님들의 달리기에 대한 열정은 거룩한 종교적 행위로서 복음을 위해 모든 것을 바쳐 뛰었던 바오로 사도를 떠올리게 한다. 달리는 수녀님들은 복음의 선포자로서 모든 이의 모든 것이 되기 위해 자신을 바쳤고 시대의 징표를 읽고 거기에 발맞춰 뛰려는 창의성을 보여 준다. 무엇보다 가난한 어린이들과 하느님에 대한 사랑을 말이 아니라 행동으로 보여 주고 있다. 그들은 복음을 전하기 위해서 세상 끝까지 달려간 바오로 사도의 살아있는 제자들이다.

성경에 나오는 마리아와 마르타 이야기(루카 10,38-42 참조)가 생각난다. 예수님 발치에 앉아서 그분의 말씀을 듣는 마리아와는 달리 마르타는 시중드는 일로 분주했는데 아무것도 안 하는 동생을 보다가 참다 못한 마르타가 예수님께 말한다. "주님, 제 동생이 저 혼자 시중들게 내버려 두는데도 보고만 계십니까? 저를 도우라고 동생에게 일러 주십시오." 그때 주님께서 마르타에게 말씀하신다. "마르타야, 마르타야! (두번이나 부르시며 아끼는 마음을 드러내신다.) 너는 많은 일을 염려하고 걱정하는구나. 그러나 필요한 것은 한 가지뿐이다. 마리아는 좋은 몫을 선택하였다. 그리고 그것을 빼앗기지 않을 것이다." 말씀에 귀를 기울이는 마리아는 좋은 몫을 선택했다. 마르타 역시 필요한 역할을 하고 있다. 다만 마리아가 선택한 몫을 빼앗아서

제주 국제 마라톤 대회에 참가한 수녀님들, 2015년

는 안 되며 존중해 주어야 한다. 달리는 수녀님들을 보며 '마리아 같은 마르타'를 떠올린다. 열정으로 땀을 흘리지만 침묵의 아우라가 느껴지는 수녀님, 이 시대가 필요로 하는 수도자다. 수녀원에 갇혀 세상과 담을 쌓은 마리아나 세상과 동떨어진 많은 일에 늘 바쁜 마르타가 아니라 마리아와 마르타가 함께 녹아든 수도자가 필요하다. 세상으로 나와 사람들과 함께 뛰는 마르타의 열정 안에서 고요하면서 깊은 마리아의 사랑이 느껴지는 수도자, 바로 내가 만난 달리는 수녀님들이다.

마라톤을 뛴다고 해서 모두 운동선수 같다고 생각하면 안 된다. 많은 '살아있는 사람'은 마음으로 온전히 살아있고 몸으로 그것을 따라가려고 노력한다. 물론 몸이 마음 같지 않은 사람도 많다. 풀코스에 도전했다가 포기한 젊은이, 하프를 뛰다가 응급차에 실려 온 사람, 10킬로미터를 만만하게 생각하고 뛰었다가 낭패를 맛본 사람들에게 살아있음이란 거저 주어지는 것이 아니었다. 그 가운데 한국에서 첫 마라톤을 뛰었던 2012년부터 매년 나를 도와 '살아있는 사람'을 같이 기획하고 준비·운영하는 윤현지 요안나 프란체스카도 있다. 마음은 울트라 마라토너지만 몸은 10킬로미터 코스가 적당한 친구다. (그래도 몇 번의 하프 마라톤을 완주했다.) 한 번이라도 한국에서 '살아있는 사람'으로 뛰어 본 사람이라면 요안나 프란체스카의 열정을 체험했을 것이다. 그 덕분에 매년 '살아있는 사람'은 자라고 있다.

 '살아있는 사람'은 아름답다. 그들은 살아있음을 느끼고 나누고 키워 간다. 그저 살기 위해 숨만 쉬는 게 아니라 다른 이를 위해 땀을 흘리며 달리는 고통을 감수하며 복음의 정신을 살아간다. 이들이 없었다면 난 지금까지 달리지 못했을 것이다. 공자가 『논어』에서 말한 것처럼, 덕불고 필유린德不孤 必有隣, 곧 덕이 있으면 외롭지 않고 반드시 이웃이 있다. '살아있는 사람'의 덕은 맑은 향기를 가진 좋은 사람들이 모여 이웃을 위해 나눔으로써 자라고 그 안에서 모두가 행복하다. 살아있음을 당연하게 받아들이지 않고 감사하며, 살아있음의 은총을 나눔으로써 하느님 안에서 모두 하나로 연결되어 있다는 것을 깨닫게 한다. 그래서 1년에 한 번 만나도 어느 누구보다 가깝게 느껴진다.

 '살아있는 사람'은 달리기를 통해 진정한 힘과 자유는 자신의 몸에서 시작됨을 깨닫는다. 다른 사람과 세상은 자신이 어쩔 수 없는 것이지만 몸은 자신이 사랑하는 만큼 변화시킬 수 있다. 노자의 『도덕경』 13장에 다음과 같은 말이 있다. "자신을 천하만큼 귀하게 생각하는 사람에게 천하를 맡길 수 있고, 자기를 천하만큼 사랑하는 사람에게 천하를 줄 수 있다." '살아있는 사람'은 자신을 천하만큼 귀하게 생각하고 사랑하는 사람이다. 이들은 다른 사람들이 세상에 자신을 잘 맞추기 위한 성공이란 목표를 향해 화려한 경력과 스펙을 쌓기 위해 애쓰는 것과는 달리

마음은 울트라 마라토너인 열정의 윤현지
요안나 프란체스카와 함께

 달리기라는 우직한 행동으로 세상을 자신에게 맞춰 가는 사람들이다. '살아있는 사람'은 남들이 보기에 어리석은 하찮은 일을 통해 자신을 바꿀 수 있으며 나아가 세상을 조금이나마 변화시킬 수 있다고 믿는다.
 지난 16년 동안 1146명의 '살아있는 사람'이 이렇게 세상을 변화시켜 왔다. 자신의 몸으로 이웃을 돕고 하느님의 영광을 드러냈다. 앞으로도 살아있다면, 살아있음을 진정으로 느끼고자 한다면 더 많은 사람이 '살아있는 사람'으로 진리이며 생명인 이 길에 동참할 것을 믿는다. '살아있는 사람'이여, 영원하라!

나의 꿈

신은 나에게 능력을 주셨다. 나머지는 내 몫이다. 믿어라, 믿어라, 믿어라.

_밀리 밀스

　　　　꿈을 꾸는 것은 위험한 일이다. 꿈을 꾸기만 해도 안 되지만, 꿈에 대한 아무런 대가를 치르지 않아도 안 되기 때문이다. 나에게 서브스리는 2005년 마라톤을 시작할 때부터 지금까지 한 번도 잊어 본 적 없는 꿈이다. 꾸준히 꿈을 이루기 위해 나아갔지만 아직 도달하지 못했다. 지금껏 내가 지불한 대가가 모자란 탓이다. 연습 때 더 많이 뛰지 않았고 대회 때 더 적극적으로 뛰지 않았기 때문이다. 지금껏 서브스리에 모든 것을 쏟아부었지만 모자랐다. 얼마나 모자랐는가는 중요하지 않다. 모자랐으니 도달하지 못한 것이다. 서브스리는 마라토너라면 누구라도 인정하고 동경할 수 있는 성취다. 자격이 아니라 오직 행위로 입증하며 결코 누가 빼앗아 가거나 위조할 수 없다. 체력이 뛰어나고 속도가 빠르고 무엇보다 훈련 때 엄청나게 많이 달릴 수 있는 사람만이 이룰 수 있다. 달리는 자의 동물적 본성과 함께 용기와 정신력 그리고 믿음이 있어야 도달할 수 있다.

"아직도 서브스리가 가능한가요?" 하고 묻는다. 당연히 가능하다. 45세에 마라톤에 입문한 조지 시핸 박사는 61세에 자신의 최고 기록인 3시간 1분을 기록했고, 캐나다의 에드 위트록Ed Whitlock(1931~2017)은 72세에 2시간 59분을 뛰었고 그다음 해에는 2시간 54분으로 더 빨리 뛰었다. 나는 그들에 비하면 가능성이 많다. 물론 그들만큼 더 열정적인지, 더 노력하는지에 대해서는 부족함을 느낀다.

하지만 한 가지는 확실하다. 서브스리는 능력의 문제가 아니라 태도의 문제, 곧 유전자에 담긴 재능이 아니라 마음에 담긴 갈망에 달려 있다. 서브스리는 출발부터 결승선까지 42.195킬로미터를 달려서 세 시간 내에 마치는 것이다. 다시 말해 1킬로미터를 4분 16초 내에 뛰는 페이스를 유지한 채 결승선까지 멈추지 않으면 된다. 그런데 실제로 처음부터 끝까지 같은 페이스로 뛰기는 불가능하다. 처음에는 달리는 사람이 많기 때문에 속도가 느릴 수밖에 없고 몸도 아직 준비가 덜 되어 있다. 그래서 보통 서브스리를 위해서는 10킬로미터를 40분 안에 뛰어야 한다고 말한다. 이렇게 매 킬로미터 몸의 상태가 변하는 데다가 날씨, 영양 상태 등의 변수가 많고 32킬로미터 지점에 이르면 몸에 축적한 에너지원인 글리코겐이 다 소모되기 때문에 이 모든 것을 고려한 철저한 준비만이 서브스리를 가능하게 한다.

 나는 여기에 덧붙여 믿음이 중요하다고 생각한다. 한 번도 성공하지 못한 일을 성취할 수 있다는 믿음, 도전하다가 포기한 사람들이 다 안 된다고 말해도 할 수 있다는 믿음, 그리고 대부분의 사람들에게 한낱 꿈 혹은 이야깃거리일 뿐인 것을 나는 성취할 수 있다는 믿음이 필요하다. 그래서 나의 마라톤 역사는 서브스리 도전의 역사이며 나의 꿈에 대한 믿음의 실험대다.

 2021년 현재 공식 마라톤 세계최고기록은 2018년 베를린 마라톤에서 케냐의 엘리우드 킵초게가 세운 2시간 1분 39초다. 100미터를 17.2초에 달리는 것을 420번 반복하면 이 기록에 도달할 수 있으니 놀라울 따름이다. 그렇다면 인간에게는 불가능하다고 여겨졌던 마라톤 풀코스 한 시간대 진입도 더 이상 꿈은 아닐 것이다. 실제로 2019년 10월 12일 오스트리아 빈에서 킵초게는 날씨, 코스, 영양 상태, 운동화 등을 최적의 조건으로 맞춘 상태에서 수많은 페이스메이커와 차량의 도움을 받아 가며 1시간 59분 40초로 풀코스 마라톤을 완주했다. 공식 기록으로는 인정되지 않았지만 인류가 상상 속에서만 가능하다고 여겼던 마라톤 풀코스 두 시간의 벽을 깬 것이다. 킵초게는 역사적 도전이 끝난 후에 말했다. "인류가 달에 착륙하는 순간과 같았으며, 인간에게 불가능한 것이 없다는 것을 알려서 기쁘다."

1954년 영국의 로저 베니스터Roger Bannister(1929~2018)가 1마일(1.6킬로미터)을 4분 내에 뛰는 데 성공하기 전까지 전 세계 수많은 과학자는 인간의 속도로는 그 '한계'를 뛰어넘기 불가능하다고 단언했다. 하지만 일단 한 인간이 그 벽을 넘고 나자, 다음 1년 반 동안 45명 이상의 선수들이 그 기록에 도달했다. 갑자기 그들이 획기적인 달리기 방법을 습득했다기보다는 누구나 지니고 있던 정신적 한계가 제거되고 나자 그들의 자유로워진 정신에 몸이 응답한 것이다. 이와 마찬가지로 실제 마라톤 풀코스 경기에서 두 시간의 한계도 킵초게의 비공식적인 성공을 통해 다른 누군가에 의해 깨질 날이 멀지 않았다. 지금 어디선가 불가능하다고 여겨지는 벽을 넘어서기 위해 꿈을 꾸며 최선을 다해 연습하는 어떤 이가 혜성처럼 나타나 그 벽을 허물 것이다. 그러면 수많은 다른 러너가 앞다퉈 그 길을 따라갈 것이며, 또 다시 새로운 도전을 발견하고 그것을 넘기 위해 매진할 것이다. 인간의 몸은 우리가 상상하는 것보다 훨씬 뛰어나며, 몸과 정신이 일치될 때 놀라운 결과를 만들어 낸다.

서브스리로 가는 길에 이루고 싶은 또 하나의 꿈이 있다. 세계에서 가장 크고 유명한 여섯 개의 '세계 메이저 마라톤 대회', 곧 보스턴, 뉴욕, 시카고, 도쿄, 런던, 베를린 대회를 모두 뛰는 것이다. 세계 메이저 마라톤 대회를 다 뛰면 특별히 제작된 기념 메달, '식스 스타 피니셔'Six Star Finisher를 받을 수 있다. 공식 등록을 하고 다섯 대회를 뛰고 여섯 번째 메이저 대회를 뛰면 그곳이 어디든 결승선에서 메이저 마라톤 대회 여섯 개가 모두 새겨진 기념 메달을 받게 된다. 보통 사람은 들어 본 적도 없는 기념 메달, 하지만 누군가에게는 평생에 걸쳐 꿈꾸며 이루어 내야 할 버킷 리스트다. 2020년 8월 20일 현재 등록된 세계 메이저 마라톤 대회 기념 메달 수상자는 6,619명이다.

    나는 2009년 4월 제113회 보스턴 마라톤 대회를 3시간 7분 35초, 같은 해 11월 제40회 뉴욕 마라톤 대회를 3시간 7분 52초 그리고 2010년 10월 제33회 시카고 마라톤 대회를 3시간 5분 26초의 기록으로 뛰었다. 그리고 귀국해서 2014년 '살아있는 사람' 10주년을 기념하여 나만을 위한 특별한 계획을 준비하고 실행했다. 세계 메이저 마라톤 대회 가운데 하나인 도쿄 마라톤 대회에 참가한 것이다. 2007년에 시작된 도쿄 마라톤 대회는 2013년부터 아시아 유일의 세계 메이저 마라톤 대회가 되었다. 도쿄 마라톤 대회는 도쿄 시내 주요 관광 명소를 달리며 구경하는 것만이 아니라 슈퍼히어로, 만화 캐릭터, 닌자 등 특이한 의상을 입고 달리는 사람들 역시 볼거리 가운데 하나다. 달리기에 있어서는 우리나라에 뒤지지 않는 열정적인 일본 마라토너들

도쿄 마라톤 대회 완주 후, 2014년

식스 스타 피니셔 메달

나의 꿈

을 만날 수 있는 좋은 기회이기도 하다.

도쿄에서 2월 23일 쌀쌀한 주일 아침에 출발 대기선에 서 있는데 갑자기 화장실을 가야 했다. 3만 5천여 명의 러너들이 모두 그룹별로 서 있었으므로 도무지 밖으로 나갈 수가 없어 안절부절 못하고 있는데 누군가 내게 플라스틱 게토레이 병을 건네주며, "지금은 이게 최고죠!" 하고 말했다. 곧 그 말의 뜻을 알아차리고 긴급한 문제를 해결했다. 다만 나중에 누가 게토레이 음료와 내 것(?)을 혼동하지 않기를 바라면서.

도쿄 마라톤 대회는 한국에서 그동안 풀코스 기록에 있어서 부진을 면치 못했던 내게 희망을 준 마라톤이었다. 추운 날씨에도 3시간 12분 1초의 기록으로 달릴 수 있었기 때문이다. 동시에 세계 메이저 마라톤 대회 완주의 꿈에 한 발자국 더 다가갔다.

2019년 4월 말 런던 마라톤 대회가 끝난 후에 2020년 제40회 런던 마라톤 대회 신청을 했다. 하지만 추첨에서 탈락했다. 10대 1이 넘는 경쟁이었다. 그런데 2020년 들어 코로나19가 덮쳐 4월 런던 마라톤 대회는 10월 초로 연기되었다. 사람 일은 알 수가 없다. 베를린 대회는 나의 세계 메이저 마라톤 대회의 마지막이 될 것이다. 베를린 마라톤 대회는 마라톤 세계기록의 산실이다. 2003년 케냐의 폴 테가트가 2시간 4분 55초로 베를린 대회에서 세계기록을 세운 뒤 지금까지 세계기록을 계속 만들어 내고 있다. 2014년 데니스 키메토(케냐)가 2시간 2분 57초로 세계기록을 경신한 지 4년 만인 2018년에 케냐의 엘리우드 킵초게가 2시간 1분 39초로 무려 1분 18초나 앞당겨 세계신기록을 세웠다. 베를린이 세계 마라톤의 성지가 될 수 있었던 것은 높은 상금, 평평한 코스, 최적의 날씨와 무엇보다 마라톤 코스를 가득 채운 백만 명이 넘는 열광적인 관중들의 응원 때문이다. 그 세계 마라톤 역사의 중심에서 나 역시 브란덴부르크 문을 서브스리로 통과해 나의 두 가지 꿈을 동시에 이루고 싶다.

2022년 5월 8일(주일)은 김수환 추기경 탄생 100주년이 되는 날이다. 이때에는 전국의 모든 가톨릭 마라톤 동호회 사람들뿐 아니라 가톨릭 신자, 성직자, 수도자 그리고 추기경님을 기억하며 달리고 싶은 모든 사람을 초대해 '김수환 추기경 탄생 100주년 기념 마라톤 대회'를 열고 싶다. 추기경님의 생가가 있는 군위 용대리 '김수환 추기경 사랑 나눔 공원'에서 출발해서 어린 시절 추기경님께서 어머니가 언제 오실까 늘 바라보았던 '저 산 너머'를 뛰는 것이다. 여러 코스가 있겠지만 달리는 사람은 모두 군위읍을 거쳐 군위금성로에 들어서면 결승선이 보이는 저 멀리 '사랑 나눔 공원'에서 웃고 계신 추기경님을 바라보며 마지막 남은 땀과 숨을 기쁘게 바칠 것이다. 지금은 한 사람의 꿈이지만 하느님께 믿음을 가지고 달리는 모든 이에게 기쁘고 희망찬 꿈이 될 것이라 믿는다.

꿈은 이루어진다

어떤 것도 당신을 놀라게 하거나 불안하게 할 수 없습니다. 모든 것은 사라지지만 하느님은 영원합니다. ─아빌라의 대 데레사

2020년 들어 코로나19가 전 세계를 덮쳤다. 상상도 해 본 적이 없었던 신종 코로나 바이러스의 대대적 공습으로 집, 학교, 기관, 나라가 문을 닫아걸고 죽음의 바이러스가 어서 지나가기만을 바랄 수밖에 없었다. 한국 교회가 생기고 처음으로 미사가 중단되었다. 신자들도 못 만나고 성당도 벗어나지 못하는 가운데 두 달 반 동안 사제관에 머물렀다. 모든 스포츠 행사가 취소되었고, 마라톤 대회도 마찬가지였다. 2012년부터 매년 10월경 여러 마라톤 대회에 참가했던 '살아있는 사람'의 미

래도 불확실해졌다. 다만, 작은 꿈 하나가 꿈틀거리고 있었다.

2019년 '살아있는 사람 15'가 청도 마라톤을 뛰고 난 뒤 직접 마라톤 대회를 열고 싶어졌다. 누군가 차려 놓은 상업적 마라톤 대회가 아니라 같은 뜻을 가진 사람들끼리 모여 같은 목표를 향해 뛰고 싶었다. 비싼 참가비, 필요하지 않은 기념품을 없애고, 무엇보다 '살아있는 사람'의 정신을 제대로 살릴 수 있는 분위기를 위해 15년 동안 한 번도 가 보지 않았던 길을 가 보고 싶었다. 하지만 이상과 현실의 차이는 우리에게 좋은 뜻만으로는 꿈을 이룰 수 없다고 가르친다. 직접 여는 '살아있는 사람 16' 마라톤은 갑작스러운 코로나19의 발생과 확산 그리고 사회적 거리두기로 불가능해 보였다. 생명이 위협받는 상황에서 마라톤을 뛴다는 것 자체가 비현실적인 것처럼 보였다. 그러다가 볼리비아 선교 사제에게 그곳 사정을 물었고 답장이 왔다.

이 팬데믹 상황에서 가장 충격적인(?) 정부의 정책은 올해 초·중·고 학기를 지난 5월부터 강제 종료한 것입니다. 일선 교사들과 학생들과 학부모들의 충격 여파는 상상 이상이었습니다. 특히 학교 수업이 없어진 아이들 대부분은, 부모를 따라 공사장, 시장 상인, 세차장, 소작농 등의 일을 하고 있습니다. 우리나라처럼 선진국의 아이들과 이곳 아이들을 비교하는 것은 무리가 있겠지만,

다른 무엇보다 어른들의 관심과 보호 아래 책을 읽고 꿈을 키워야 하는 때에 남미의 뜨거운 태양 아래 성인과 같은 노동 강도를 감당하며 일하는 아이들을 보고 있노라면, 가슴이 먹먹합니다.

선교 사제의 편지를 읽으며 우리의 안전도 중요하지만 볼리비아 어린이들에게 줄 희망의 무게도 그만큼 중요해 보였다. 무엇보다 살아있다는 것이 가만히 앉아 모든 것이 나아지기를 기다리는 것은 아니라는 생각이 들었다. 그러던 중 우연히 안치환의 「너를 사랑한 이유」라는 노래를 들었다. "너의 길이 비록 환상일지라도 그 속에서 너는 무한한 자유를 느낄 거야. 포기하지마. 너를 사랑한 이유 바로 그 믿음 때문에, 바로 그 믿음 때문에."

'뛰어야겠다. 마라톤 대회를 열어야겠다'는 마음이 올라왔다. 포기하지 않는 것이 '살아있는 사람'의 정신이며 바로 그 믿음 때문에 하느님의 영광이 드러난다는 것을 깨달았다. 그래서 조용히 '살아있는 사람 16' 군위 마라톤 대회를 준비하기 시작했다. 마라톤 코스를 설계하고 만들기 위해 군위 위천 강변을 여러 장소에서 뛰어 보았다. 도로 통제를 피하고 반환점은 적게 하면서 자연스럽고 아름다운 코스를 찾아야 했다. 한 번도 가보지 않았던 마을들도 돌아다녀 보고 수풀이 우거진 제방길을 달리다가 넘어지기도 했다. 여러 달이 지나 마침내 군위의 아름다움을 담은 5킬로미터 걷기, 달리는 사람에게 적합한 10킬로미터, 색다른 풍경을 맛볼 수 있는 하프 코스를 완성했다.

마라톤 대회에서 가장 기념이 될 만한 것은 언제나 완주 메달이다. 그래서 '살아있는 사람 16' 완주 메달을 직접 만들기로 했다. 하지만 늘 보던 둥그런 모양에 대회 이름만 들어가 있는 재미없는 메달은 싫었다. '살아있는 사람' 로고를 네모난 검정 바탕에 흰색으로 넣고 '살아있는 사람 16'과 대회 날짜를 쓴 뒤 빈 공간을 과감하게 뚫었다. 끈도 단색이 아니라 푸른색에 흰색과 금색 글씨를 넣어 우리나라에서 한 번도 본 적이 없는 완주 메달을 디자인했다. 남은 것은 하나, 사람들의 신청이었다. 과연 코로나19로 인해 사회적 거리두기 2단계인 시점에서 얼마나 많은 사람이 신청을 할지 알 수가 없었다. 그저 모든 것을 하느님께 맡겼다. 대회 날로 정한 10월 24일(토요일) 3주 전인 10월 4일(주일)로 신청을 마감했다. 그런데 참가 신청자가 200명에 육박했다. 놀랐다. 지난 15년 동안 '살아있는 사람'이 매년 달렸지만 한 번도 200명이 넘었던 적이 없었는데 코로나19 시대에 직접 여는 마라톤 대회에 이렇게 많은 사람이 군위에 와서 뛰겠다고 신청을 한 것이다(203명으로 신청은 마감되었다). 그제야 하느님의 섭리가 뚜렷이 드러났다. 작년부터 직접 여는 마라톤 대회를 꿈꾸지 않았더라면, 코로나19로 거의 모든 마라톤 대회가 취소되는 상황에서 포기했더라면 모든 일은 이루어질 수 없었기 때문이다. 10월 12일, 사회적 거리두기가 1단계로 조정되었다.

'살아있는 사람 16' 군위 마라톤 대회, 2020년

네모난 디자인의 완주 메달

메달을 받고 기뻐하는 '살아있는 사람 16'

계획은 사람이 세우지만 이루는 것은 하느님이심을 다시 한번 깨달았다. "모든 일에는 때가 있다"(코헬 3,1)라는 말씀처럼, 어느 때보다 손꼽아 기다려 왔고, 기도해 왔고, 준비해 왔던 때가 온 것이다. 마침내 그때가 왔고 그때를 꼭 껴안았다. 봄날의 곰처럼 그렇게 폭신하고 사랑스러웠다.

햇볕이 충만한 10월의 토요일 아침 '가장 충만히 살기 위해 달리는' '살아있는 사람 16'이 모였다. 각자의 이름이 새겨진 예쁜 배번호를 받아 달고 나니 갑자기 힘이 솟는 것 같았다. 무엇보다 즐거운 작업은 무한한 자유인 성령의 바람을 상징하는 형형색색 바람개비 만들기였다. 모두가 어린이가 되어 각자의 바람개비를 만들고 그 안에 달리는 이유, 후원자와 기도하고 싶은 사람의 이름을 썼다. 완성된 바람개비가 신나게 돌아가자 마음은 어느새 달리고 있었다. 10시 5분에 10킬로미터 달리기, 10시 10분에 5킬로미터 걷기가 시작되었다(아쉽게도 하프 마라톤은 참가자가 적어 없앴다). 군위본당에서 자원한 어린이와 어른 봉사자 26명이 안전하게 뛸 수 있도록 코스를 안내하며 물과 게토레이를 주고 카톡으로 실시간 정보를 공유하며 시간도 체크했다. 50분 59.54초의 기록으로 이태영 요셉이 10킬로미터 코스 우승을 차지했다. 어린이들이 모든 완주자에게 메달을 걸어 주었다.

　군위본당에서 조촐한 식사를 한 뒤 야외에서 후원금 봉헌

10킬로미터 코스 입상자 시상

과 감사미사를 드렸다. 가을 바람, 햇살, 낙엽과 조금은 지친 몸을 주님 앞에 내려놓고 감사의 기도를 올렸다. 공지사항 시간에 10킬로미터 코스 입상자 시상이 있었는데 3등 5킬로그램, 2등 10킬로그램, 1등 20킬로그램의 쌀을 받았다. 그리고 경기도 성남에서 직접 만든 막걸리를 가져와 후원하고 10킬로미터를 역주한 나의 친형과 16년 만에 탄생한 천 번째 '살아있는 사람'에게도 쌀 20킬로그램을 선물했다. 참가자 전원에게는 군위에서 나는 대추, 오이, 사과즙과 김수환 추기경님의 책을 기념품으로, 어린이에게는 문화상품권을 선물로 주었다. 마지막 공지사항으로 2023년 12월 10일(주일)에 '살아있는 사람' 20주년 기념

하와이 호놀룰루 마라톤 대회 참가 예정 소식과 항공료 마련을 위한 매달 3만원 3년 적금 들기 안내가 있었다. 꿈은 계속된다.

'네 마음을 다하고 네 목숨을 다하고 네 정신을 다하여' 살도록 하느님으로부터 초대받은 그리스도인에게 한계란 마음의 문제다. 두려움이나 걱정 때문에 무엇이라도 자신을 위해 숨겨 두거나 남겨 두지 않고 몸과 마음을 다 바쳐 사랑하는 '살아있는 사람'이야말로 예수님의 가장 사랑받는 제자임을 강론 때 말했다. 그리고 매일 '조금만 더'를 실천하며 살기로 다짐했다. 조금만 더 인내하기, 조금만 더 기도하기, 조금만 더 사랑하기를 실천하다 보면 나중에는 불가능해 보이는 일도 할 수 있음을 우리는 '살아있는 사람 16'을 통해 체험했다. 오늘보다 조금 더 나은 내일을 위해 지금 조금만 더를 실천할 때, '살아있는 사람'의 꿈은 이루어진다.

함께 꾸는 꿈

꿈을 혼자서 꾸면 꿈에 지나지 않지만 꿈을 모두 함께 나누어 꾸면 반드시
현실이 된다. 꿈을 머리나 입으로만 꾼다면 꿈에 지나지 않지만 몸으로 자기
몫의 고통으로 받아 나가면 반드시 현실이 된다. ─박노해

수잔 보일Susan Boyle이라는 이름을 들어 본 적이 있을 것이다. 한국의 '슈퍼스타 K'와 같은 영국의 노래 경연 대회에 나온 사람인데 처음에 그녀가 무대에 섰을 때 심사위원들과 관객들은 약간 당황한 표정이었다. 얼굴도 못생겼고 어울리지 않는 옷을 입은 스코틀랜드 출신의 노처녀, 특별한 직업도 없이 아흔이 넘은 노모를 홀로 돌보며 동네 성가대에서 활동하는 열심한 가톨릭 신자인 그녀는 거친 억양으로 "남자에게 한

번도 키스를 받아 본 적이 없다"라고 해서 다시 사람들을 당황하게 했다. 그러나 그녀가 뮤지컬 레미제라블의 「I dreamed a dream」(난 꿈을 꾸었죠)를 부르기 시작하자 순식간에 모든 사람이 넋을 놓고 놀라워했다. 그녀의 목소리는 천사처럼 우아하고 달콤했다. 이제 수잔 보일은 엘리자베스 여왕 앞에서 노래하고 자신의 음반도 낸 세계적인 스타가 되었다.

그녀를 응원하는 수많은 사람은 그녀에게서 자신을 본 것은 아닐까. 배우자나 직업, 사는 곳에 따라 사람을 판단하는 세상에서 그녀의 목소리는 우리 모두에게 자기다움은 계속 지켜야 하는 소중한 것임을 보여 주었다. 그녀의 목소리를 통해서 우리가 보았던 것은 그녀 내면의 아름다움만이 아니라 우리 각자의 꿈 또한 아름답고 독특하고 가치 있다는 사실이었다. 그녀의 성공은 바로 우리의 성공이다.

우리 모두가 가지고 있는 각자의 꿈을 모아 함께 꿈꾸면 그것은 현실이 된다. '살아있는 사람'이 함께 꾸는 꿈은 현실에서 이렇게 자라난다. 매년 '살아있는 사람'이 달릴 마라톤 대회가 결정되면 4~5개월 전에 예전에 함께했던 '살아있는 사람'들에게 그해의 주제와 함께 초대의 이메일을 보낸다. 군위성당 본당 신부로 부임해서 처음으로 달렸던 2018년 군위 삼국유사 마라톤의 '살아있는 사람 14'의 주제는 김수환 추기경님의 말씀, '서로 밥이 되어 주십시오'였다. 김수환 추기경님 생가와 '김수환 추기경 사랑 나눔 공원'이 있는 군위에 딱 어울리는 주제였다. 이렇듯 1년에 한 번 '살아있는 사람'은 모여서 달리고 감사미사를 드리고 후원금을 봉헌한다. 봉헌된 후원금은 미국에서는 마다가스카르로 보냈고, 한국에서는 볼리비아와 중앙아프리카공화국으로 보낸다. 지금까지 16년 동안 모금한 후원금은 대략 1억 6,300만 원에 이른다. 그렇게 후원금을 보내면 선교 사제는 사진과 함께 감사의 편지를 보내오는데 그 가운데 하나를 소개하고 싶다.

✉

'살아있는 사람들', 아니 '살아있기에 아름다운 사람들'께 드립니다. 특별하고 아름다운 취지로 마음을 모아 준 모든 분께 진심으로 감사 인사를 드립니다. 저는 볼리비아 산타크루스에서 선교 6년 차의 시간을 보내고 있는 허진혁 바오로 신부입니다. 작년에 이어 올해도 볼리비아에 있는 저희 대구대교구 사제 여덟 명은 다시 한번 깜짝 놀랐습니다. 한 번의 아름다운 이벤트로 끝이 날 줄 알았던 '살아있는 사람' 프로젝트에 올해도 이렇게 많은 분이 동참해 주셨습니다. 함께하신 모든 분이 이를 악물고 그 먼 길을 내달리셨을 텐데, 한 분 한 분 어떤 마음이었을까, 생각하면 가슴이 뭉클합니다. (중략)

지난번에 보내 주신 2017년 후원금 나눔의 주인공의 사연을 소개해 드리고 싶습니다. 우리 본당에는 작년에 첫영성체를 받은 파브리시오라는 아이가 있는데, 그 가족 친지들이 본당에서 열심히 봉사하는 아름다운 성가정의 아이입니다. 그런데 며칠 전에 끔찍한 교통사고가 나서 병원 중환자실에 급하게 이송되었습니다. 아마도 뇌를 크게 다쳤는지, 얼굴의 모든 구멍에서 피가 흘러나왔고, 얼굴 역시 심하게 다쳐서 뭐라 형언할 수 없이 망가졌습니다. 병원 의사 역시 급한 조치를 취한 뒤에 하는 말이, 이 아이의 생사는 하느님만이 아시니 지금부터 모두가 하느님께 기도하는 수밖에 없다고 할 정도였습니다. 그렇게 혼수상태로 생사를 오가는 며칠을 지내면서, 저는 아이의 어머니에게 한 가지 가슴 찡한 일화를 듣게 되었습니다.

몇 달 전에 학교 행사가 있어서 파브리시오 역시 참여를 했는데, 개신교 재단의 학교여서 그런지, 학교 측에서 볼리비아 현지 개신교 목사님을 초청했다고 합니다. 그런데 그 목사님이 아이가 입고 있던 티셔츠를 보더니 대뜸, "가톨릭 신자들은 모두 우상숭배자들"이라며 "당장 그 옷을 벗어라" 하고 사람들 앞에서 면박을 줬다고 합니다. 파브리시오가 성모님 성화가 그려진 티셔츠를 입고 있었기 때문이었습니다. 하지만 아이는 목사님에게 이렇게 말했다고 합니다. "목사님, 저는 가톨릭 신자입니다. 우리는 우상숭배자가 아닙니다. 성모님은 우리의 공경의 대상이고, 저는 죽을 때까지 가톨릭 신자로 남겠습니다." 저는 그 이야기를 듣고 속으로, 예수님께서 성모님의 전구를 통해 이 아이를 살려 주시겠다는 확신이 들었습니다. 그리고 며칠 뒤에 병자성사를 거행하기 위해 병원으로 가는 도중에, 아이의 어머니에게서 전화 한 통을 받았습니다. "아이가 깨어나서 의식을 차렸습니다"라고 말입니다.

이틀 뒤에, "허락해 주시면 주일 하루 동안이라도, 성당 입구에서 온 가족이 음식이라도 팔아서 병원비와 수술비를 마련하고 싶어요"라는 가족의 청을 듣고, 일단 음식 재료를 사도록 도움을 주었습니다. 그간 병원비로 가진 돈을 다 써 버려 재료 살 돈마저 없었습니다. 하지만 그렇게 하루 종일 땡볕에 온 가족이 열심히 음식을 팔았는데도, 모금은커녕 재료비에도 약간 모자라는 돈이 모였습니다. 그날 저녁에 가족 대표가 와서 시무룩한 얼굴로, "빠드레(신부님), 미안해요. 하루 종일 팔았어도 도와주신 재료비도 못 건졌어요" 하고 말했습니다.

저는 그때, 이 가족이 '살아있는 사람' 프로젝트 나눔의 주인공이 되도록 해야겠다는 생각이 들었습니다. 그러고는 한국의 많은 신자가 마라톤 참여를 통해 뜻을 모아서 마련한 돈이니, 첫 번째로 하느님께 감사하고, 두 번째로 이분들을 위해 기도 부탁한다고 이야기해 주었습니다. 덧붙여 우리는 혼자가 아니니 힘내라고 격려해 주었습니다. 사실 모두가 행복하고 건강해서, 프로젝트의 도움을 받을 두 번째 주인공이 안 나타나기를 바라지만, 분명히 누군가는 절실한 도움을 필요로 할 것이고, 그때는 또 기쁘게 도움을 드릴 수 있겠지요. 저 역시 하느님께 가장 큰 감사를 드리고, 이런 도움을 줄 수 있도록 기회를 마련해 주신 '살아있는 사람' 프로젝트에 참여하신 모든 분께 진심으로 감사합니다.

다가오는 성탄 기쁘게 보내시고, 2018년 새로운 한 해, 다시 한번 신발 끈을 바짝 매는 새 출발 되시길 기원합니다.

볼리비아 산타크루스에서 허진혁 바오로 신부 드림

'살아있는 사람'은 새로운 기부와 나눔 문화를 만들어 가고 있다. 개인적으로 매년 달리기에 참석하는 사람들뿐만 아니라 가족 모두가 5킬로미터를 함께 걷고 후원하며, 가톨릭 신자가 아닌 친구나 직장 동료를 데리고 오는 사람들, 수녀님들, 시각장애인, 보좌신부님과 본당 청년들, 여러 가톨릭 단체 사람들 등 수많은 사람이 참여한다. 매년 달리러 오지 못하는 사람들은 물적 후원으로 대신한다. 그리고 달리는 사람들 가운데에는 자신을 후원한 사람들의 이름을 번호표에 빼곡히 적고 달리는 사람, 아픈 가족을 위해 기도하면서 달리는 사람, 그저 10월의 어느 멋진 가을날을 가족과 친구와 즐기기 위해 달리는 사람도 있다. 모두가 살아있음을 마라톤을 통해 체험하고 사랑과 도움이 필요한 어린이들을 위해 땀을 흘린다.

'살아있는 사람'은 세계적이다. 2011년, 미국을 떠날 때 존 캐럴 대학에서 함께 달렸던 저렐 시슨Jurell Sison과 크레이그 시

후원 요청 포스터

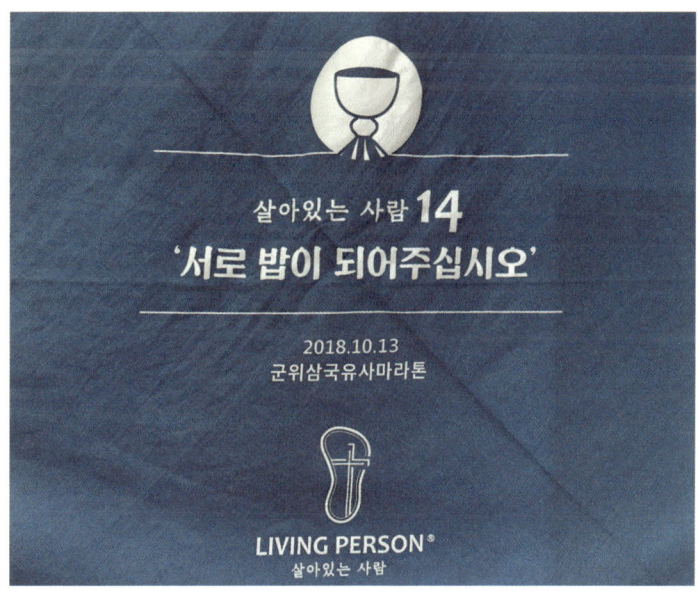

함께 꾸는 꿈

돌Craig Sidol이라는 두 학생은 나에게 '살아있는 사람'을 발전시켜 '살아있는 사람 챌린지'(The Living Person Challenge)를 만들고 싶다고 했고 나는 그들을 격려하고 축복해 주었다. 그후 그들은 가톨릭 전통에 바탕을 두고 젊은이 각자에게 영감을 주는 도전을 통해 젊은이들이 영적으로 성장하도록 돕고 있다. 단순히 자신을 위해 살지 않고 하느님께서 각자에게 주신 최선의 자신을 발견하고 다른 사람들을 위해 '살아있는 사람'이 되도록 격려하고 도와준다.

그들이 운영하고 있는 웹사이트 thelivingperson.com에는 누구나 쉽게 접속하여 파트너를 정하고 자신의 삶에서 바꾸고 싶은 자유로운 도전 주제를 정할 수 있다. 예를 들어 '스마트폰 사용 줄이기', '하루 30분 기도하기' 등과 같은 목표를 정하고 30일 동안 파트너와 함께 변화를 위해 노력하고 그들의 경험을 온라인으로 나눈다. '살아있는 사람 챌린지'는 마라톤에서 확대된 '살아있는 사람'의 정신이 젊은이들에게 새롭게 해석되고 자라나고 있음을 보여 준다. 유튜브를 통해 메시지를 공유하고 챌린지로 서로 격려하면서 동시에 영감을 주는 셔츠와 팔찌 등을 만들어 온라인으로 판매하는 이들을 보면서 살아있음의 신선함을 느낀다.

2024년이면 '살아있는 사람'은 20주년을 맞이한다. 그래서 미국의 '살아있는 사람'과 한국의 '살아있는 사람'이 모여서 함께 달리는 마라톤을 준비하고 있다. 미국과 한국의 중간쯤이면 하와이가 최적의 장소가 될 것이다. 그곳에는 세계적으로 유명한 호놀룰루 마라톤 대회가 매년 12월 둘째 주 일요일에 열린다. 호놀룰루 마라톤 대회는 원래 심장병 치료와 예방을 목적으로 시작된 대회로 누구나 참가할 수 있고 시간 제한도 없다. 기록보다는 조금이라도 많은 사람에게 뛰는 즐거움을 주기 위해 시작되었다고 한다. 달리기를 즐기는 사람들 무리에서 우연히 무라카미 하루키를 만난다면 얼마나 좋을까! 그는 꾸준히 호놀룰루 마라톤을 달리기 때문이다. 아무런 근거도 없이 소설을 쓰기 시작했고 그 일을 잘하기 위한 체력을 유지하기 위해 달리기를 계속한다는 그와 함께 달리면서 달리는 신부로 함께해 왔던 '살아있는 사람'의 이야기를 들려주고 싶다. 시간 제한 없이.

2023년 12월 10일, 하와이 호놀룰루에서 동서양의 '살아있는 사람'은 함께 달릴 것이다. 지난 20년의 시간을 함께 돌아보며 세상에 변화를 가져오기 위해 그동안 자신과 '살아있는 사람' 공동체가 먼저 변화했던 이야기를 나눌 것이다. 언어와 문화는 다르지만 하느님의 사랑받는 '살아있는 사람'으로 하나가 되어 와이키키 해변에서 새벽 5시에 다 같이 '천국에서의 풀코스'(26.2 miles in Paradise)를 뛰기 시작해 태평양 한가운데에 동이 터 오는 것을 같이 볼 것이다.

'살아있는 사람'은 다시 한번 살아있음을 체험하며 국경을 초월하여 기쁘게 하느님의 영광을 드러낼 것을 꿈꾸고 있다. 꿈은 때론 무모해 보이지만 그 때문에 용기를 필요로 한다. 뒤가 아니라 앞을 보며 꿈꿀 때 지금까지 없었던 새로운 방법을 찾고, 그것은 누구에게는 안전하지 않고 두려운 것이 되겠지만 꿈꾸는 사람은 스스로 만족한다. 꿈을 통해 자신으로 살 수 있기에 성공과 실패는 중요하지 않다. 어쩌면 누군가의 농담처럼, 살아있다면 계속 뛰어야 할 무서운 조직(?)이 이제 세계화되는 상상이 더 즐거울 뿐이다.

그리고, 다시 첫발

외화 번역가 이미도 씨가 쓴 『언어상영관』이란 책에 따르면 삶을 뜻하는 'LIFE'는 Love(사랑), Imagination(상상), Fun(즐거움), Evolution(변화)의 첫 글자가 모여서 이루어진 것이라고 한다. 그렇다, 삶이란 먼저 사랑해야 한다. 삶에 주어지는 모든 것, 심지어 책임과 시련까지도 사랑하기로 결심하면 삶에서 멋진 첫발을 내디딘 것이다. 삶이란 또한 상상하는 것이다. 달리는 티베트 승려 샤콩 미팜은 말한다. "현명한 자는 상상력이 있다. 그래서 어떤 상황이 닥치더라도 가능성을 볼 수 있다. 하지만 같은 상황에서 어리석은 자는 상상력이 없기에 아무런 가능성도 보지 못한다. 나는 이 통찰이 달리기와 명상뿐 아니라 인생 전체에도 유효하다고 생각한다." 나는 자주 상상한다. 마라톤 역시 상상으로 시작되었고 앞으로도 재밌고 유익한 상상 속에서 더 큰 일을 할 것이다. 세 번째로 삶이란 즐기는 것이다. 삶은 짧다. 무게 잡고 근엄하게 지내기에는 너무 짧다. '즐겁지 않다면 지금 하고 있는 일이 도대체 무슨 의미가 있단 말인가?' 하고 자주 자신에게 물어봐야 한다. 프란치스코 교황님께서도 장례식장에 다녀온 것 같은 우울하고 딱딱한 표정으로는 '복음의 기쁨'을 전할 수 없다고 말씀하셨다. 마지막으로 삶이란 변하는 것이다. 물이 고이면 썩듯이, 멈추면 안주하게 되고 굳어 버린다. 계속해서 변하는 길은 안락한 곳을 떠나 경계 밖으로 나가서 감탄하는 것에서부터 시작한다. 악기를 배워도 좋고 달리기를 해도 좋고 성지순례를 떠나기 위해 새로운 언어를 배워도 좋다. 스스로 변화하기 위해 자신을 격려하면서 두려움 없이 경계를 넘어설 때 삶은 끊임없이 새롭고 흥미진진한 것이 된다.

    나에게 삶은 달리기며, 마라톤에는 사랑과 상상, 즐거움과 변화의 인생이 있다. 달리기는 오늘의 나를 만들었으며 가능하면 내 삶에 영원히 남기를 원한다. 나이가 들어도 계속 달릴 수 있다면 나는 행복할 것이다. 이것의 나의 삶이며 나는 아직 다른 것을 모른다.

    42.195킬로미터, 그 먼 거리도 한 걸음이 데려다준다. 요행과 요령을 치켜세우는 세상에서 마라톤은 한 걸음의 가치를 되새기며 살아가는 방법이다. 꾸준히 한 걸음씩 내딛는 과정에

서 자신만의 희열을 느끼며 세상 안에서 다른 속도로 살아간다. 어쩌면 '세상이 줄 수 없는 평화'(요한 14,27 참조)를 지키고 몸을 가까이함으로써 사람다움을 잊지 않는 길이다. 나는 그 길에서 '살아있는 사람'을 만났고, 진리요 생명이신 예수님과 함께 걷고 있다.

처음에는 그저 16년 동안 해 왔던 마라톤을 한 번 돌아보고 싶었다. 어떻게 뛰기 시작했고 무엇 때문에 뛰었고 누구와 어디에서 뛰었고 왜 지금도 뛰고 있는지 스스로 물어보았다. 그 찰나의 질문은 나와 계속 달렸고 어떤 이의 얼굴을 떠올리게 하고 어떤 장소와 어떤 시간으로 나를 데리고 갔다. 그래서 일상을 비상하게, 평범한 것을 비범하게, 나아가 순간을 영원하게 만들곤 했다. 그 상상이 즐거웠기에 나는 글을 쓰기 시작했고 지난 2년 반을 그렇게 보냈다. 16년 동안 말하지 못했던, 표현하지 않았던 사랑을 글로 옮기고 나니 마음이 한결 가볍다. 마치 풀코스 마라톤을 뛰고 난 뒤에 몸은 천근만근이지만 마음은 세상을 다 얻은 것 같은 기분이다. 그래서 기꺼이 다시 첫발을 내딛는다. 다가올 시련과 고통을 모르지 않지만, 때론 지루하고 외롭기도 하겠지만 달리는 일이야말로 내가 가장 좋아하고, 가장 잘하고, 그리고 더 잘하고 싶은 일이기 때문에 다시 첫발이다.

'달리는 신부'의 멘토인 무라카미 하루키의 글로 마칠까 한다. 그는 자신의 묘비명을 미리 정해 두었는데 나도 그러고 싶다. "무라카미 하루키Haruki Murakami / 1949~20○○ / 작가이자 러너Writer (and Runner) / 적어도 끝까지 걷지는 않았다At Least He Never Walked.

    김성래 하상바오로Fr. H.Paul Kim

    1973~20○○

    사제이자 러너Priest (and Runner)

    달리기와 봉사로 온전히 살아있던 사람Fully Alive in Running and Serving

참고 문헌

류시화 『새는 날아가면서 뒤돌아보지 않는다』 (더숲 2017).

무라카미 하루키 『달리기를 말할 때 내가 하고 싶은 이야기』 임홍빈 옮김 (문학사상 2009).

―, 『직업으로서의 소설가』 양윤옥 옮김 (현대문학 2016).

―, 『먼 북소리』 윤성원 옮김 (문학사상 2004).

베네딕도 16세 『하느님은 사랑이십니다』 (한국천주교주교회의 2006)

샤콩 미팜 『마음에 대해 달리기가 말해 주는 것들』 강수희 옮김 (불광출판사 2015).

솔닛, 리베카 『걷기의 인문학』 김정아 옮김 (반비 2017).

신영복 『감옥으로부터의 사색』 (돌베개 1998).

한겨레 신문 「신영복의 그림 사색」 '가장 먼 여행' (2012년 3월 23일 자).

이미도 『언어상영관』 (뉴 2019).

Sheehan, George, *Running & Being* (New York: Rodale 2014).

―, *The Essential Sheehan: A Lifetime of Running Wisdom from the Legendary Dr. George Sheehan* (New York: Rodale 2013).

감사의 말

『살아있다면 계속 달려야 합니다』라는 책은 한 사람의 이야기가 아닙니다. 함께 달린 '살아있는 사람'들, 기도와 후원으로 마음으로 함께한 사람들의 이야기입니다. 그리고 또 한 사람, 어쭙잖은 나의 글을 읽고 구성을 바꾸고 새로운 아이디어를 주고 책의 제목까지 붙여 준 사람이 있습니다. 나의 형, 김혁래 대건 안드레아입니다. 나를 천주교 신앙으로 이끌어 주고 사제가 되도록 도와준 형, 나와 함께 먼 길을 달려와 준 형에게 존경과 사랑을 담아 감사의 인사를 전합니다.